KB153736

국역 서계연록西溪燕錄

국역

서계연록西溪燕錄

박세당 지음 | 김종수 역주

혜안

옮긴이의 말

역자가 『서계연록(西溪燕錄)』에 대한 국역 작업에 착수하게 된 과정은, 실로 우연한 계기들의 연합에 의해서였다. 그래서인지 국역을 진행하는 동안에 박세당의 아래 언술이 계속 뇌리를 맴돌고 있었다.

"세상의 일이란 진실로 우연히 와서 모이는 경우도 왕왕 있으니, ……시·월(時月)의 동시성이, 애초 그렇게 되리라고 기필하지 않았음에도 불구하고, 그렇게 현실화될 줄을 알 수나 있었겠는가?"(『상서 사변록』「이훈」편 중에서)

가칭 우연참회설(偶然參會說)로 명명할 만한 위 구절은 박세당이 수행했던 율력고증 중의 한 대목이나, 이번의 국역 작업에도 공히 적용될 수 있는 성질의 것이다.

옮긴이가 처음으로 『서계연록』을 접했던 시점은 약 7, 8년 전의 일이다. 사단법인 유도회의 한문연수원에서 3년 동안 동문 수학했던 동덕여대의 고(故) 조선영 선생님께서 이 책에 대한 정보와 함께, 친절히 직접 복사본까지 건네주셨던 것이다. 내가 당시 이 책에 관심을 두었던 이유는 박세당과 청조(淸朝) 고증학(考證學)의 관계를 해명하기 위한 목적 때문이었다. 박세당이 개척한 탈주자학적 경학론의 방법론적 토대는 훈고학(訓詁學)이었고, 자연 1668년에 나섰던 사행(使行) 기간 동안에 청나라 학계와의 교섭 양상이 규명될 필요가 있었던 것이다.

그러나 애초 연행록이라는 장르에는 전혀 문외한이었던 옮긴이가 제대로 『서계연록』을 해석해 내기에는 여러 모로 역부족이었다. 더욱이 이 책은 중국 대륙에서 진행된 명(明)·청(淸) 간의 왕조 교체기라는 시대적 환경을 고스란히 간직하고 있다. 때문에 시대적 배경을 비롯한 각 방면에 걸친 풍부한 선행학습이 엄히 요구되었다. 반면에 사행노정에도 무지했던 옮긴이는 고유명사에 해당하는 중국의 지명까지 번역하기도 하는 등의 촌극을 자주 연출하기도 했다. 결국 이 책의 존재 자체를 아예 망각하는 심적 평온함의 길을 자연스럽게 선택하게 되었다. 간간이 몇 번씩이나

아쉬운 손길을 더 뻗쳐도 보았으나, 박세당이 북경에서 남긴 족적은 쉽사리 포착되질 않았다.

그러던 중에 2년여 전의 여름 무렵에서 다시 작정을 하고 덤벼들었다. 마침내 어설픈 1독을 마치긴 했으나, 완전한 해독을 고대하는 암호문과도 같은 구절들이 도처에 잠복해 있는 상황이었다. 그리하여 청초(淸初)의 역사를 비롯하여, 이런 저런 연행록 관련 서적들을 붙들고 씨름을 하기도 했다. 그 과정에서 몇 편의 논문들을 발표하는 등의 부산물도 없지는 않다. 『서계연록』을 대상으로 한 일련의 글쓰기 작업이 마무리되면서, 이제 이 책과의 인연도 회자정리(會者定離)의 수순을 밟는 듯이 여겨졌다. 국역은 이 방면의 전문가의 몫으로 남겨둬야 한다는 생각과 함께……

그런데 "진실로 우연히 와서 모이는" 시절 인연이 완전히 소진한 상태는 아니었다. 결과적으로 이 책을 완역하게 된 계기는 단국대학교 김문식 선생님의 거듭된 충고가 크게 작용했다. 이왕 작심한 김에 빠른 속도로 작업을 진행시켜 나갔고, 비로소 금년

3월 말경에 완역을 하게 되었다.

　무엇보다 이 책을 작고하신 고 조선영 선생님의 영전에 바치고
싶다. 또한 그간 역자의 인생에서 마치 외호보살(外護菩薩)과 같
은 역할을 대행해 주신 모든 분들께도 삼가 머리 숙여 감사를
드리고 싶다. 어려운 출판 환경임에도 불구하고, 이 책의 출판을
기꺼이 허락해 주신 도서출판 혜안에도 깊이 감사를 드린다.

　　　　　2010년 4월 17일 것대산 자락에서 김종수 씀

글 싣는 차례

9

『서계연록』해제

서계(西溪) 박세당(朴世堂, 1629~1703)은 양란(兩亂) 이후인 17세기 중·후반을 활동기로 삼았던 사상가다. 박세당의 학문적 세계는 탈주자학적 경학론과 노장(老莊) 사상, 그리고 『색경』으로 표방되는 농학까지를 아우르고 있다. 이와는 별도로 독자적인 고증학을 개척했을 뿐만 아니라, 양명학과 역(易) 방면에 대해서도 깊이 천착했던 흔적이 엿보인다. 이처럼 박세당은 실로 다양한 경계지대에 걸친 학문세계를 추구하였으나, 그 근저에는 강한 원시유학(原始儒學) 지향성이라는 자신의 근본 학적 기반이 일관되게 관류(貫流)하고 있음을 간과할 수 없다.

한편 박세당은 반남(潘南) 박씨라는 명문가 출신으로서, 고려 말의 명신인 박상충(朴尙衷, 1332~1375)의 10세손에 해당한다. 반남 박씨는 박상충에 의해서 비로소 동방(東方)의 대성(大姓) 반열에 동참하기에 이르렀다. 박세당이 출생한 당시에 남원부사(南原府使)를 역임하고 있었던 부친 박정(朴炡, 1596~1632)은 인조반정(仁祖反正)의 공신으로서, 정사공신(靖社功臣)에 책봉된 인물이었다. 모친인 양주(楊洲) 윤씨는 관찰사 윤안국(尹安國, 1569~1630)의 딸이었다.

이처럼 명문가의 자제로 출발한 박세당이었으나, 그의 유년기는 그다지 순탄하지 못했다. 부친은 박세당이 네 살의 어린 나이적에 병사하였고, 3년 뒤에 장형인 박세규(朴世圭)마저 요절하면서, 가세가 급격히 기울어지기 시작했던 것이다. 병자호란이 발발한 여덟 살 때에는 조모와 모친, 그리고 두 형을 따라서 궁벽진 내륙 산간지역을 전전하는 힘겨운 피난 생활을 감내하기도 했다.

고독하고 빈한한 가정환경 때문에 자연히 박세당은 제때에 학업에 착수할 수가 없었다. 열 살이 넘어서야 비로소 중형인 박세견(朴世堅, 1619~1683)으로부터 글을 익히기 시작했고, 뒤이은 열서너 살경에 고모부인 정사무(鄭思武)의 가르침 아래 본격적인 학업이 수행되었다. 한편 박세당은 열일곱 살 때에 당시 금성(金城) 현령(縣令)이었던 남일성(南一星)의 딸인 의령(宜寧) 남씨와 화촉을 밝히게 된다. 그러나 고빈(孤貧)한 자신의 처지로 인한 경제적 어려움 때문에, 처가에서 10여 년이 넘도록 의지한 끝에 벼슬길에 오른 뒤에서야 독립하여 분가할 수가 있었다. 이 시기에 박세당은 처남인 남구만(南九萬, 1629~1711)과 처숙부인 남이성(南二星)과 밤을 지새워 가면서 학문을 변론하는 즐거움을 만끽하기도 하였다.

그러던 중 박세당은 21세 때에 모친상을 당했다. 3년복 기간 중에 지극한 슬픔이 초래한 병으로 인하여 셋째 형이 멸성(滅性)했고, 박세당 또한 비위(脾胃)가 손상된 나머지, 이후 고질병에 시달리게 되었다. 차후 박세당은 24세 적에 회시(會試)에 나갈 기회를 확보하게 되었으나, 과거에 실패한 중형의 처지를 고려한 끝에 과거 진출을 중도에 포기하기도 했었다. 중형은 박세당의 성장기 동안에 엄부와도 같은 역할을 대행한 존재로서, 그의 생애에서 진중한 의미를 지니는 인물이었다. 마침내 박세당은 32세 (1662) 때에 현종(顯宗)의 등극을 경하하는 증광시(增廣試)에 장원을 차지했고, 동년 11월에 성균관(成均館) 전적(典籍)을 제수받으면서 뒤늦게 환로(宦路)에 진입하기에 이른다.

그런데 박세당은 자의반 타의반 격으로 관직을 40세(1668) 1월에 접고 퇴은(退隱)했으므로, 공식적인 관직 생활은 불과 8년 남짓한 기간에 불과했다. 박세당이 동지사(冬至使) 서장관(書狀官) 자격으로 사행(使行)에 나섰던 시기는, 바로 수락산 석천동(石泉洞)으로 퇴은한 그 해 11월이었다. 박세당은 연행(燕行)에 대해서 스스로 무척 다행스러운 일로 자평했으나, 결과적으로 장유(壯遊)의 의미로 각인되지는 못했던 듯하다. 이제『서계연록』이 갖는 문헌 자료적 특징을 소개하도록 한다.

우선『서계연록』은 표지를 포함하여 모두 58면에 불과한 분량이다. 또한 대부분의 각 면은 10행, 각 행은 20자의 기준으로 씌어져 있다. 물론 당일의 날씨만 언급해 두는 등의 무사(無事)한 날들의 경우에는 예외적이며, 이러한 경향은 북경에 체류했던 한 달여 기간 동안에 두드러지게 나타나고 있다.

더불어『서계연록』의 구성 체계와 관련하여 특이한 사실 하나를 지적해 두자면, 그것은 이른바 첩출(疊出)로 지칭되는 현상에 관한 것이다. 첩출은 동일한 내용이 반복해서 출현하는 현상을 지칭하는바, 실제『서계연록』의 350~351면은 전술된 346~347면과 동일한 지면으로 채워져 있다. 그 구체적인 이유를 명쾌하게 규명할 수는 없으나, 이러한 사실을 박세당은 해당 지면을 통해서 "경신첩출(庚申疊出)"로 명시해 두고 있다.[1]『서계연록』의 판본 소재에 관한 정보는 획득하기 어려웠다.

이제 무신년 봉사단의 구성과 사행노정 등을 간략히 소개하기로 한다. 박세당이 사행을 나선 시점은 40세(현종 9년)적인 11월 21일이며,[2] 이듬해 1669년의 이른 봄인 2월 19일에 귀국했다. 정사(正使)는 이경억(李慶億, 1620~1673)이었으며, 부사(副使)는 정약(鄭鑰)이었다. 정사인 이경억은 차후 봉사단이 해단할 즈음에, 그 청렴함으로 인하여 원역(員役)들로부터 탄복을 받았던 인물이다. 또한 박세당은 출발에 앞서 "동환(東還)하는 날까지 쓰고 단 일들이 예고된 서사(西使)"를 소재로 삼아서, 장차 만리

---

1) 朴世堂,『西溪燕錄』,〈庚申〉, 344면, "庚申疊出".

2) 위의 책,〈戊申〉, 339면, "戊申十一月二十一日丁巳, 早朝出義州城."

길을 함께 할 삼사(三使) 중의 한 사람인, 당시 황해도 관찰사(海伯)였던 정약에게 시 한 수를 봉정했다.[3]

박세당 일행도 조선 봉사단의 전통적인 사행노정인 〈서울(漢城) - 의주(義州) - 봉황성(鳳凰城) - 연산관(連山關) - 요동(遼東) - 광녕(廣寧) - 사하(沙河) - 산해관(山海關) - 통주(通州) - 북경(北京)〉 일로(日路) 코스를 왕환 시에 답습했다. 다만 무신년 사절단의 경우 요동(遼東) - 심양(瀋陽) - 신민둔(新民屯)으로 이어지는 노정 대신에, 요동 구성(舊城)에서 광녕(光寧)으로 굴절되어 닿는 별도의 코스를 밟았던 듯하다. 왜냐하면 요동 구성에서 필관포(畢管鋪) - 장가둔(將家屯) - 우가장(牛家庄)을 거친 후에, 다시 요하(遼河)를 건너서 사령(沙嶺) - 요택(遼澤) - 고평(高平) - 광녕으로 이어지는 노정들이 기록되어 있기 때문이다.[4] 이는 일시적으로 쓰인 요양(遼陽) 경가장(耿家庄)에서 우가장(牛家庄), 그리고 반산(盤山)을 거쳐 광녕에 이르는 별도의 노정에 해당한다.[5]

....

3) 朴世堂, 『西溪集』 권2, 「石泉錄(上)」, 〈奉呈海伯鄭公鑰〉, 25면, "西使東還備苦甘 相隨萬里共人三 體瘢經洗痕全見 臂折求醫術未諳 一路觀風閑詎得 數椽臨水老猶堪 期公略寄千丸墨 許代烏蠻負局柑."

4) 요동 구성에서 광녕에 이르는 연행 노정에 관한 기술은 『서계연록』의 347~354면 참조.

5) 다음의 〈지도 1〉과 〈지도 2〉는 임기중, 『(증보판) 연행록 연구』, 일지사, 2006의 82, 83쪽의 지도를 참조하여 재작성한 것이다.

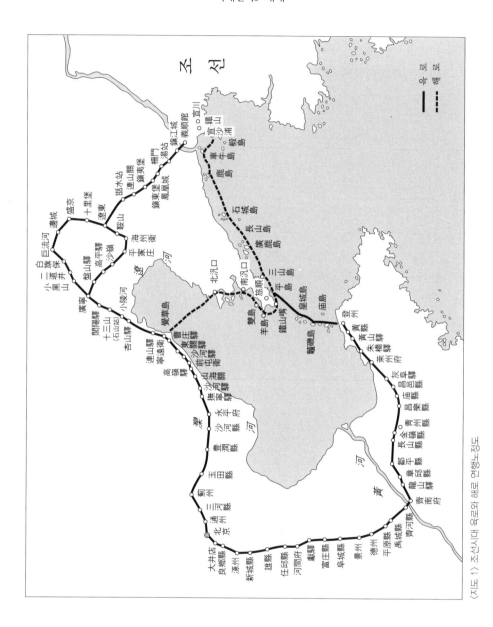

〈지도 1〉 조선시대 육로와 해로 연행노정도

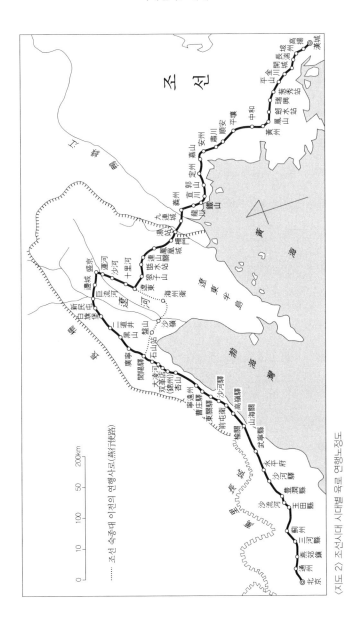

〈지도 2〉 조선시대 사대별 육로 연행노정도

사행노정과 관련하여 박세당은 영원성(寧遠城)에 도착한 후에 지난 시절의 해로사행(海路使行) 코스를 환기해 보이고도 있었다. 일단 박세당은 "영원에서 바다와의 거리가 채 10여 리가 안 된다."라는 지리적 여건과 함께, 명말 영원지역에서의 전황(戰況)을 회고하면서, 또한 "일찍이 계략으로 북병(北兵)을 크게 섬멸시켰던" 명장 원숭환(袁崇煥, 1584~1630)의 전공(戰功)을 추억했다.6) 이어서 박세당은 "또 지난 시절 원(袁) 군문(軍門)이 이미 등주(登州)·내주(萊州) 공로(貢路)를 변경했던" 사실을 적시해 두었다. 더불어 당시 "조선 사절단의 부연(赴燕) 노정은 각화도(覺華島)를 경유하여 곧장 남하하다가, 영원으로 상륙하는 코스"였으며, "각화도는 영원성 동남쪽의 20리에 위치하고 있다."라고 하여, 각화도가 위치한 소재를 밝혀 두었다.7) 박세당이 기재해 둔 이 해로사행 코스는 명청 간의 교체기에 요동반도(遼東半島) 동쪽의 도서(島嶼)를 따라 항해하다가 여순구(旅順口)에서 돌아 발해만(渤海灣)으로 진입, 각화도를 거쳐서 영원으로 상륙한 후에 산해관을 통과하여 북경에 이르는 노정에 해당한다.8) 이 노정은 명나라와 조선 사이에 2백년을 닦아 온 전통적인

----

6) 朴世堂, 앞의 책, 〈壬申〉, 358면, "寧遠去海 不能十里. 明之末 凶爲咽喉重, 地常屯十萬兵. 袁崇煥亦留鎭於此, 嘗以計大殲北兵. 舊有甬道 因城至海通粮運, 防攻奪."

7) 위의 책, 〈壬申〉, 358면. "又往時袁軍門 旣改登萊貢路, 我使赴燕者, 由覺華島 下陸於此. 島在城東南二十里. 宿察院 卽舊學也. 是行九十里."

사행로가 차단된 이후에 개척된 해로사행의 두 코스 중에 하나에 해당한다.

여하간 무신년 사절단이 밟았던 사행노정은 한양에서 북경까지의 편도 노선만 해도 무려 3,000여 리나 되는, 실로 험난한 대장정이었다. 박세당은 기유년 2월 12일의 귀국 장도에서, 수많은 어려움 속에서 행로가 지체되곤 했던 그 간의 사정을 아래처럼 회상했다.

"닭이 울자마자 출발했다. 일출 무렵에 요하(遼河)에 이르러서는 얼음을 타고 강을 건넜다. 물길이 급하여 배와 노가 제멋대로 따로 논다. 매양 우리 사절단이 이르는 곳마다, 이상하게도 드센 바람을 만나기도 하고, 얼음 바다에 처하기도 한다. 갖은 신고로 행로가 지체되곤 하였다."9)

전후의 조선 봉사단과 마찬가지로, 박세당 일행도 북경에 도착하기까지 갖은 신고(辛苦)를 다 겪었던 것이다. 위 인용문은 그가 연행을 "조국 강역을 벗어나는 원역(遠役)인 까닭에, 의리상 감히 사양할 수 없는 일"로 평가하고,10) 사행에 임했던 이유를 설명해

....

8) 林熒澤, 「朝鮮使行의 海路 燕行錄 : 17세기 東北亞의 歷史轉換과 實學」, 『韓國實學研究』9, 民昌社, 2005, 5면 참조.

9) 朴世堂, 『西溪燕錄』, 〈乙亥〉, 391면, "乙亥. 鷄鳴發 日出至遼河 乘氷以渡. 水勢急. 舟楫不一. 每我使至 或遭風 或氷洋 多苦滯行."

주는 한 장면처럼 여겨진다. 한편 박세당은 한성 - 의주 간의 왕환 기록은 생략한 채로, 의주 - 북경 간의 왕래 기록만을 연록에 싣고 있다. 이제『서계연록』에 기재된 주요 서술단위들과 그 내용상의 특징들을 개괄적 수준에서 짚어 보도록 한다.

여타의 연행록 작가들과 마찬가지로 박세당 또한『서계연록』속에 다양한 서술단위들을 등재해 두고 있다. 주요 서술단위들을 순서대로 나열해 보면, 대청(對淸) 탐규(探窺) 부문과 고증(考證) 기록에 관한 것, 그리고 정월 초하룻날인 원일(元日)의 조의(朝儀)에 관한 내용이 단연 상위 목록을 형성하고 있다.

당시 조선왕조는 병자호란(1636) 시에 맺은 조약을 실천하기에 급급했으나, 강희(康熙) 7년을 맞이한 청조(淸朝) 또한 중원에서 여전히 불안한 정국 속에 처해 있었다. 자연 조선의 입장에서는 청국의 정치경제·사회문화 전반에 걸친 정보가 초유의 관심사로 등장해 있던 시기였다. 따라서 귀국 이후에 사행 경위를 보고할 책무를 지녔던 서장관 박세당의 시선은 매우 예리하게 빛나고 있었고,『서계연록』은 대청 정탐(偵探)의 흔적을 고스란히 간직해 두고 있다. 한편 18세기에 씌어진 연행록과는 달리, 17세기의 연행록에는 연희(演戲)에 대한 묘사가 극히 소략한 편이다. 따라서 조의와 사연(賜宴)을 아울러서 상세히 취급해 둔『서계연록』의

....

10) 朴世堂, 앞의 책,「年譜」,〈戊申條〉, 441면, "先生以出疆遠役, 義有不堪辭者."

22

조의기는 중요한 자료적 가치를 지니고 있다.

그 뒤를 이어서 불교와 관련된 소재, 병자호란 적의 피로인(被擄人)들의 애절한 실상과 청국의 민물(民物) 관찰에 대한 기술이 차상위 단위로 기재되어 있다. 박세당은 조선에 비해서 괄목할 만한 발전을 이룩해 가는 청의 경제적 현실에 큰 충격을 받았던 듯하다. 그런데 배나 수레를 묘사한 장면은 간헐적으로 발견되고 있으나, 아직 벽돌이나 온돌을 언급한 구절은 찾아볼 수는 없었다. 특히 주목할 만한 부분은 청초에 개진된 저 유명한 역법논쟁(曆法論爭)에 관한 기록들이다. 박세당은 신역파(新曆派)인 아담샬(湯若望) 및 그 문도들과 구법파(舊法派)인 양광선(陽光先) 일파 간에 개진된 역법논쟁의 전개 과정을 압축적으로 기재해 두었다.

그 외에도 왕환 노정에서 접촉했던 다양한 사람들에 관한 이야기와 봉사단의 업무 수행에 관한 내용들도 자주 언급되고 있다. 여타의 단편적인 소재들도 더러 등재되어 있으나, 일정한 주제를 형성할 만한 논의 분량에는 미치지는 못한다.

특히 여타의 연행록에 비해서『서계연록』에는 이른바 장관(壯觀)을 기술한 서술단위가 상대적으로 빈약하다는 특징이 있다. 겨우 만리장성(長城)과 산해관(山海關), 각산사(角山寺) 등의 수승한 경관들을 접하고, 그 이미지를 매우 절제되고 압축된 문장 속에 담아 두고 있을 따름이다. 이러한 사실은 연행을 전후하여 작가인 박세당이 처한 특별한 심경과도 무관해 보이지 않는다.

23

더불어 전후(戰後) 피해국인 조선 봉사단의 우울한 처지가 반영된 결과가 아닐까도 싶다. 결과적으로 여타의 연행록에 비해서『서계연록』의 구성체계는 다소 단조로운 감이 없지 않다. 이 점『서계연록』이 국왕에게 올리는 서면 보고서인 등록(謄錄)의 성격을 띠고 있는 사실과도 일정한 관련이 있을 것이다.

마지막 순서로서『서계연록』의 내용상의 특징들을 개괄해 보도록 하겠다.『서계연록』은 박세당이 사행 기간 동안에 체험하고 목격한 내용들을 일록체 형식으로 기록한 연행일기다. 주로 왕환 노정에서 관찰하고 목격한 사실들과 공식적인 일정 수행과 관련하여 파생된 내용들이 등재되어 있다. 박세당이 남긴 또 다른 연행록인『사연록(使燕錄)』은 총 23제 37수로 이뤄진 시집이다.11) 조선 강역 내의 송도(松都)를 시발로 하여, 주로 북경에 이르는 편도 노선과 북경에 체류했던 기간 동안에 집중적으로 창작되었다.『사연록』은 공식적인 언표를 유보했던 박세당의 심회를 살피기에 유용한 자료집이다.『서계연록』의 특징적인 면모는 다음의 네 가지 사항으로 정리해 볼 수 있겠다.

우선, 대부분의 연행록은 사적 기록의 산물이지만,『서계연록』

....

11)『사연록』은『서계집』권1에 실려 있으며, "무신년 겨울부터 기유년 봄까지" (自戊申冬己酉春)라는 제주(題註)가 덧붙여져 있다. 이탄은『사연록』의 존재를「연보」를 통해서 "(연행 왕환) 노정상의 저술로는『사연록』과『연행일기』가 있다." (在途所著 有使燕錄 及燕行日記)라고 확인해 두었다(〈기유조〉).

은 관찬(官撰) 기록에 준하는 공적 기록이라는 특징을 다분히 간직하고 있다. 『서계연록』이 간직한 관찬 사료적·공적 기록의 특성은, 특히 북경에 체류했던 한 달여 기간 동안에 더욱 두드러진 현상이다. 봉사단 일행의 사적 활동에 관한 기술은 거의 전무하다시피 한 반면에, 주로 사명(使命) 수행과 관련된 공식적인 일정만을 기술해 두고 있기 때문이다. 또한 『서계연록』에는 청의 정세(政勢) 탐문과 관련한 포괄적인 내용들이 취급되어 있고, 실제 이 사안들은 귀국 후에 국왕에게 그대로 보고되었다. 이러한 사정으로 인하여 『서계연록』의 공적 기록다운 특성이 보다 강화되고 있어 보인다. 이 점 『서계연록』이 간직한 정직한 특성이면서, 동시에 피치 못할 한계로도 평가된다.

둘째, 『서계연록』은 한성 – 의주 간 노정의 왕래 기록 자체가 전무한 특징을 지니고 있다. 이와는 달리 비슷한 시기인 1660년에 강백년(姜伯年, 1603~1681)은 「연행노정기(燕行路程記)」를 통해서 서울에서 의주에 이르는, 곧 약 1,050여 리에 이르는 26이정(里程)을 당일 행진 거리와 함께 선명하게 제시해 두었다. 반면에 무신년 봉사단의 경우 출입국을 전후한 국내에서의 기록들이 생략되어 있다. 다만 문집을 통하여 서경(西京)을 왕래하는 동안에 화공 조세걸(曹世傑, 1635~?)로부터 선인화(仙人畵) 여덟 폭을 증여받은 사실만이 확인되고 있다.[12] 조세걸은 현존하는 박세당의 초상화를 그렸던 인물로도 추정된다. 자연 『서계연록』

25

에는 한성을 벗어날 때의 의식인 사폐(辭陛)나 귀국 이후의 보고
의례인 복명(復命)에 관한 기록 또한 전무하다. 복명에 관한 기록
은 박세당 사후에 이탄(李坦, 1669~?)이 찬(撰)한 「연보(年譜)」
를 통해서, 그 간략한 사실만을 확인할 수 있을 뿐이다.[13]

  셋째, 『서계연록』 전체를 통해서 가장 두드러진 내용상의 특징
은 왕환 노정에서 보여준 박세당의 투철한 실증적(實證的) 탐구의
태도일 것이다. 박세당이 보여준 실증적 관심권 속에는 사행 동안
에 그가 참고했던 『지지(地志)』와 앞선 사절단들의 기록인 전록
(前錄)은 물론이고, 비석과 사원, 누각(樓)과 누대(臺) 및 묘지,
그리고 성(城)과 강하 등의 명칭과 여타의 산천지리 관련 소재들
이 모두 망라되어 있다. 심지어 박세당은 북경에서 체류했던 기간
동안의 숙소인 회동관(會同館) 벽면의 낙서까지도 무심히 그냥
지나치질 않았다. 나아가 박세당은 그가 참고했던 전록을 그대로
신뢰하기보다는, 오히려 해당 기록을 의심하는 가운데, 전록의
내용 자체를 고증해 내기도 했다.

  뿐만 아니라 박세당은 길거리 통신류의 와전된 소문에 관해서
도 예의 촉각을 곤두세우기도 했다. 실제 박세당은 매우 치밀하면

----

12) 朴世堂, 앞의 책, 「序」, 〈曹將軍畵帖跋〉, 151면, "余於戊申歲 有燕行 往來過西
    京 世傑持此以贈. 今二十年矣."이 선인화는 현존하는 〈전조세걸필신선도(傳
    曹世傑筆神仙圖)〉일 가능성이 매우 높아 보인다.

13) 朴世堂, 앞의 책, 〈己酉條〉, 441면, "先生四十一世, 三月自燕還朝復命."

서 꼼꼼한 일면이 있는 학구풍의 인물이었다. 결국 연행 노정에서 시도되었던 박세당의 실증적 탐구 노력은, 그가 무신년 사행을 통해서 얻은 가장 큰 수확물로 남게 된다.

이와 관련하여 박세당의 대표적인 문도 중의 한 사람인 이탄은 스승이 수행한 각고의 고증 노력을 두고, 다음과 같이 정리해 두었다.

"연행 노정상(所過)의 산천과 길의 이정(道里) 및 지명에 대해서, 앞서 연행을 다녀온 우리 봉사단들의 기록 중에는, 허다한 오류가 유전되고 있었으나, 이를 두 번 다시 의심하지도 바로잡으려 들지도 않았다. 이에 선생은 중국의 제반 관련 문서들을 고증하고, 해당 지역 거주민들에게 직접 문의하기도 했다. 무릇 의심할 만한 여지가 있는 것들은, 대부분 고쳐서 바로잡았다. 이에 연로한 역관들이 놀라 워하며 탄복해 마지않았다."[14)

넷째, 여타의 연행록과 마찬가지로 『서계연록』 또한 북경에 이르는 서행(西行) 노선의 기록 분량이 한성으로 되돌아오는 동환 (東還) 노선의 그것보다 양적으로 월등히 많다는 점을 지적할 수 있다. 특히 서행 노선에서의 기록 분량은 북경 체류 시의 기록

---

14) 위의 책, 〈戊申條〉, 441면, "所過山川道里及地名 我人之從前往來者 流傳多 誤 不復疑詰. 先生考諸中華逞牒 詢諸居民. 凡所可疑者 多所証正. 老譯輩驚服 焉."

분과 동환 길에서의 기록 양을 합친 것보다 많다.[15] 그 주된 원인은 한 노선만을 답습한 탓도 있겠으나, 애당초 균형감을 갖춘 하나의 완결된 텍스트로서의 연록을 기획하지 않았던 작가인 박세당의 의도가 반영된 결과일 것으로 판단된다.

추가적으로 박세당의 생애를 전·후반부로 나눌 때에, 무신년 연행은 그 경계선을 구획해 주는 분기점으로 작용하고 있었다는 사실에 유의해 본다. 이미 양주(楊洲) 수락산 자락으로 퇴은했던 박세당은 청으로부터 귀국한 후에 복명을 하고, 잠시 부교리(副校理) 겸 세자시강원(世子侍講院) 사서(司書)로 봉직했던 듯하다. 그러나 곧이어 석천동으로 귀환을 했고, 1669년 8월에 교리(校理)에, 10월에는 사간원(司諫院) 헌납(獻納)에 제수되었으나 모두 부임하지 않았다.[16] 이러한 정황들은 이미 연행 이전에 다졌던 박세당의 확고한 퇴은 의지를 반증해 주는 것이다.

자연 작가가 처한 특별한 처지나 심경은 작품의 형성에도 큰 영향을 미칠 수밖에 없을 것임이 예상된다. 실제 박세당은 북경으로 향하는 서행 길에서 영평부(永平府)에 위치한 이제묘(李齊廟)

---

15) 『西溪燕錄』은 총 336~395면의 분량이다(임기중 편간, 『연행록전집 23』, 동국대학교출판부에 수록). 편의상 이를 서행노정(336~370면)과 북경체류 시(370~384면), 그리고 동환노정 분(384~395면)이라는 세 마디로 분절(分節)해 볼 수 있다.

16) 朴世堂, 앞의 책, 〈己酉條〉, 441면, "先生四十一歲 三月自燕還朝復命. 拜副校理兼世子侍講院司書 …… 歸石泉. 八月除校理. 十月除司諫院獻納 皆不赴."

를 참배하고, 소청(遡淸)에의 의지에 충만하기도 했다.[17] 또한 이제묘의 세부적 구성과 그 명칭들을 유심히 응시하면서, 최승 (最勝)의 이제묘가 위치한 영평지역의 산수에도 감탄해 마지않 았다. 차후 박세당이 구상하고 그 문인들에 의해 실행에 옮겨진, 이른바 석천경영(石泉經營)의 선행 모델은 이제묘가 조성된 영평 경영에서 제공받았을 가능성을 조심스레 추정해 본다.

더불어 귀국 이후에 삼경처(三逕處) 돌입 구상에도 몰두했던 박세당의 심경상,[18] 난하(灤河) 변에 우뚝하니 자리한 조어대 (釣魚臺)와 그 주인공인 명대의 감찰어사(監察御使) 한응경(韓應 庚) 또한 주목의 대상이었다. 박세당은 조어대의 빼어난 경관과 한응경의 묘구(墓丘) 및 구택을 비교적 상세히 묘사해 둔 가운데, 그의 풍절(風節)을 높이 평가했다. 이제묘에 이은 동환 길에서의 한응경의 묘구 관찰은 귀국을 목전에 둔 박세당을 크게 고무시키 고 있었다. 어쩌면 차후에 맞이할 퇴은 구상에 대한 일말의 안도감 과 함께, 박세당의 마음에 심심한 위안처로 다가왔을지도 모르겠 다.

각기 서행 길과 동환의 길목에서 접한 이제묘와 한응경의 유적 을 접했던 박세당의 시선 속에는, 당시 자신의 내면 풍경의 한

---

17) 朴世堂, 『使燕綠』, 〈夷齊廟〉, 17면, "北海何年別 西山餓不歸 心知讓弟是 眼見伐君非 故國誰歌麥 …… 灤河淸到底 從子濯塗衣."

18) 朴世堂, 앞의 책, 〈戊申條〉, 440면, "他日問我三逕處 好栽松菊滿階庭."

장면이 노출되고 있었다. 그것은 박세당이 사행 기간 내도록 퇴은 구상에 몰입하고 있었음을 반증해 준다. 이와 같은 박세당의 심경은 연행 시에 그가 접한 일련의 문명충격에 대한 수용 태도를 결정해 주는 변인으로도 작용하고 있었음이 분명해 보인다. 차후 박세당은 당시 서양의 앞선 첨단문물을 상징해 주는 역법논쟁은 물론이거니와, 청의 발전된 민물 체험에 대해서도 문명 번안 작업을 유보시키고 있었다.

참고문헌

稻葉君山, 但燾 譯訂, 『淸朝全史』, 上海 : 社會科學出版社, 民國 3年.

傅樂成, 辛勝夏 역, 『中國通史(下)』, 지영사, 1999.

임계순, 『淸史』, 신서원, 2007.

임기중, 『연행록연구(증보판)』, 일지사, 2006.

주돈식, 『조선인 60만 노예가 되다』, 학고재, 2007.

김경록, 「朝鮮時代 朝貢體制와 對中國使行」, 『明淸史硏究』 13, 明淸史學會, 2008.

김두현, 「淸朝正權의 成立과 發展」, 서울대학교동양사학연구실 편, 『講座 中國史 Ⅳ』, 지식산업사, 2008.

김종수, 「西溪 朴世堂의 燕行錄과 북경 체류 32일」, 『韓國實學硏究』 16, 民昌社, 2008.

김문식, 「조선후기 지식인의 자아인식과 타자인식 : 대청교섭을 중심으로」, 『大同文化硏究』 39, 성균관대학교 대동문화연구원, 2000.

임형택, 「朝鮮使行의 海路 燕行錄 : 17세기 東北亞의 歷史轉換과 實學」, 『韓國實學硏究』 9, 民昌社, 2005.

국역 『서계연록』

동지사(冬至使) 서장관(書狀官) 겸(兼) 사헌부 지평(司憲府 持平) 신(臣) 박세당은 삼가 동사(同使)인 신 이조판서(吏曹判書) 이경억(李慶億) 및 공조참의(工曹參議) 정약(鄭鑰)과 함께, 앞서 북경(北京)에 갔다가 되돌아온 일로(一路)에서 문견(聞見)한 일을 빠짐없이 아룁니다.[1)]

✣ 무신(戊申)년 11월 21일(丁巳)

이른 아침에 의주성(義州城) 서문(西門) 강 언덕의 수검처(搜檢處)에는 평안도사(平安都事) 변황(卞揘)과 의주부윤(義州府尹) 성후와(成後窩)가 먼저 도착해 있었다. 우리는 함께 앉아서 인구와 말의 수효며, 개인별로 지녔거나 공적으로 탑재된 물품들을 일일이 수검하기 시작했다. 이 일은 저녁 무렵에서야 겨우 마칠 수 있었다. 이어서 횃불을 들고 강을 건넌 뒤에 삼강(三江) 입구에

----

1) 모두(冒頭)에 적시된 위의 내용으로 미뤄볼 때, 이하의『서계연록』의 내용은 문견단자(聞見單子)에 준하는 의미를 형성하고 있을 것임이 예상된다. 본디 단자(單子)는 수령하는 대상에게 보내는 물목(物目)이 담긴 종이를 뜻한다. 또한 사행이 귀국하면 서장관이 중국 조정의 소식과 기타 문견한 내용 등을 장계(狀啓) 형식으로 승정원(承政院)에 올렸던바, 이를 문견단자로 칭했다. 이는 사행 도중에 보고하는 서장(書狀) 혹은 장계와는 구분되며, 복명하여 보고하는 경우는 사신별단(使臣別單)으로 별칭하였다. 실제 서장관 박세당이 보고한 문견단자는『동문휘고보편(同文彙考補編)』권1,「동지사서장관 박세당견문사건(冬至行書狀官朴世堂見聞事件)」(1668)에 등재되어 있다. 청조(淸朝)의 정국 전반에 걸친 탐규 양상은『서계연록』의 주요한 내용상의 일 국면을 형성하고 있다.

이르러 길을 잃고 배회했다. 겨우 약(約) 강을 건너서 5리 즈음 나아가니 문득 칠흑 같은 어둠 속에서 길이 나타났다. 노변으로 어슴푸레하게 말 머리들이 드러나 보였다. 그때에 장확(張鶴)이 손으로 가리키며 말하기를,

"여기가 바로 구련고성(九連古城)입니다."

라고 했다. 고성을 십여 리 정도 벗어난 야차(野次)에서 하룻밤을 묵었다. 이날은 30리를 행진했다.

🌥 무오일(戊午)

해가 뜰 무렵에 송골산(松鶻山) 차성(嵯城)을 지나가려는데, 커다란 어금니 같은 모습의 성이 무척 특이해 보였다. 금석산(錦石山) 아래에서 아침을 먹었다. 오후 서너 시 즈음(晡時)에 탕참(湯站)을 지나는데, 폐해진 성 하나가 수풀 사이로 어렴풋이 비쳤다. 이 일대는 늘 호랑이가 득실거리는 지역이다. 이때 부사 군관(副使軍官)인 이제량(李悌亮)이 타고 있던 말이 갑자기 놀라서 날뛰며 부들부들 떨기 시작했다. 이제량은

"아마 호랑이를 발견해서 저러는 모양입니다."

라고 한다. 어용판(魚龍坂)을 지나 용산(龍山) 아래에서 노숙을 했다. 용산도 역시 평지에서 우뚝하니 솟아난 듯한 모습인데, 기이하고 수려한 자태가 참으로 보기에도 좋다. 오늘은 60리를

행진했고, 연 이틀 밤을 들녘에서 잤다. 다행히도 날씨가 따뜻했던 덕분에 일행 중에서 추위로 병을 앓는 고통에 시달리는 자는 없었다.

☙ 기미일(己未)

새벽 일찍 야숙했던 곳을 떠나서 봉황산(鳳凰山)을 경유했다. 봉황산은 심히 기발(奇拔)한 모습을 하고 있었다. 산봉우리는 석성(石城)으로 빙 둘러싸였고, 주변은 온통 푸른 산들이 휘감고 있었는데, 극히 험준한 지형에 축조된 성이었다. 나를 수행한 자가 이르기를,

"여기가 바로 안시성(安市城)입니다."

라고 전언했다. 이전의 우리 봉사단들이 남긴 기록에도 모두 그렇게 적혀 있었다. 『지지(地志)』를 살펴보니,

"봉황산은 도사성(都司城) 동쪽 360여 리에 위치하고 있으며, 정상에는 층층이 포개진 돌들이 놓여 있고, 고성(古城)은 족히 십만 군중을 수용할 수 있어서, 당(唐) 태종(太宗)이 고구려(高麗)를 원정할 적에도, 이곳에서 주필(駐蹕)하였다."

라고 되어 있다. 또한 『지지』에는

"폐해진 안시현(安市縣)은 개주(盖州) 동북쪽 70여 리에 위치하며, 이를 당 태종이 공략했으나, 끝내 함몰시키지는 못했다."

라고 적혀 있다. 『지지』의 기록이 이와 같다면, 이 성은 안시성이 아님이 너무나 명백하다.[2] 서로 잘못 구전되어 그렇게 단정한 오류인 것이다.

책문(柵門)에 도착하기 1리 이전 지점에서 아침을 먹었다. 마패(麻貝) 3인과 박씨(博氏) 1인, 그리고 아역(衙譯)인 문금(文金)·황일은(黃逸隱)·김등문(金等聞)과 봉사단 일행이 난보고(欒甫古)에 이르자, 청의 갑군(甲軍) 수십 명이 책문에서 나와 지켜보고 있었다. 각기 물품을 선사했으나, 갑군의 무리들은 적은 양에 불만을 표하며 시끄럽게 다투기를 그치질 않았다. 이들은 결국 더 많은 물품을 받은 뒤에야 물러났다.

오후 서너 시 무렵에 장계(狀啓)를 봉해서 의주(義州)에 부치고 되돌아왔다. 장차 관리들과 나는 먼저 책문 밖에 도착해서 인마(人馬)를 조사하고 들여보냈다. 청인(淸人) 수십여 무리들도 동시에 책문 안팎에서 모여 있었는데, 일일이 수효를 헤아린 뒤에 책문에 들게 하였다. 인마에 대한 조사가 모두 끝나자 정사와 부사가 뒤따랐고, 나도 또한 함께 진입했다. 8, 9리 정도를 나아가니 찰원(察院)이 나타났다.

봉황성의 성장(城將)은 청한(胡漢) 출신의 두 사람이었다. 청장(胡將)인 오리해(烏里海)는 강을 일컬으면서 건너는 문제를 부탁

....

2) 후대의 노가재(老稼齋) 김창업(金昌業, 1668~1721) 또한 『노가재연행일기(老稼齋燕行日記)』를 통해서 박세당과 동일한 실증 결과를 도출해 내었다.

하였고, 한족 성장(漢將)인 난가진(欒可進)은 성(城) 이야기를 하면서 앞서 나갔다. 그 호행(護行)한 자는 마패(麻貝) 고파달(孤巴達)과 장경(章京)이라는 이름으로도 아울러 불리는 복병장(伏兵將) 왕숭작(王崇爵), 그리고 아역 황일은·김복고(金服古) 이렇게 네 사람이었다. 갑군은 이십여 명이었다. 아역(阿譯)으로 하여금 성장과 통하게 해서 현관례(見官禮)를 면해 줄 것을 요청하게 한 끝에, 허락을 받아내었다.[3] 오늘은 40리를 행진했다.

경신일(庚申)

일출 무렵에 출발을 해서 백암동(白巖洞) 입구에 이르렀다. 건적수(乾磧水)로 일컬어지는 곳의 물가에서 아침을 먹었다. 이윽고 모고령(毛姑嶺)을 넘어서, 저녁에는 일명 송참(松站)으로도 불리는 진동보(鎭東堡)에 도착해서, 그곳의 찰원에서 묵었다. 이날은 50리를 행진했다.

신유일(辛酉)

이른 아침에 장령(長嶺)을 넘고 옹북하(瓮北河)를 건넜다. 다시 두령(斗嶺)을 넘어서니, 고개 아래에 강하 하나가 보였는데, 널리

---

3) 여기서 언급된 현관례(見官禮)란 봉사단의 삼사(三使)가 봉황성 성장(城將)에게 입국 인사를 드리는 의식을 뜻한다.

재도하(再渡)로 칭해졌다. 이때에 역관(譯官) 장현(張炫)이 이르기를,

　"팔도하(八渡河)입니다."

라고 한다. 이에 갑군들에게 문의하니, 그들은 "류가하(劉家河) 혹은 김가하(金家河)"로 일컬었다. 재도하는 그 폭이 수십 보나 되었는데 한 걸음씩 떼어서 건넜으나, 여러 이명(異名)들은 참으로 의심스러웠다. 무신년 이전의 봉사단들이 기록한 바에 따르면, 혹은

　"팔도하가 송참(松站)의 동쪽에 위치한다."

라고 하고, 혹은

　"송참의 서쪽에 위치해 있다."

라고도 하여서, 기록이 전혀 일치하지 않았다. 지금 송참의 동서 쪽에는, 또한 강이 하나도 보이지 않는다. 팔도(八渡)란 곧 팔도하를 지칭하나, 그 기원이 누구로부터 시작된 것인지는 종내 그 출처가 불확실하다. 강변에서 아침을 먹었다. 토문구(兎門口)를 지나서 한 강하를 건넜다. 갑군들은 한결같이 말하기를,

　"이는 장하(長河)입니다."

라고 한다. 노변의 석산(石山)은 만두산(漫頭山)으로 일컬어졌다.

　저녁 무렵에 일명 진이보(鎭夷堡)로도 불리는 통원보(通遠堡)에 도착하여, 그곳의 찰원에서 하룻밤을 묵었다. 밤에 소년 수명이 찾아와서 고배(叩拜)의 예를 취하면서, 아이들 스스로 말하기

40

를,

　"『논어(論語)』를 읽고 있었습니다."

라고 했다. 각자의 성명을 써 보게 하였는데, 진선(陳善)이라는

아이가 말하길,

　"진국서(陳國瑞)는 열 명을 아울러서 나이 터울을 허락하게

했습니다."

라고 했다. 내가 물었다.

　"너희들 선생은 계시느냐?"

　진선이 답하기를,

　"네!"

하고 응답했다. 학동들의 선생을 불러서 오게 하여, 종이 뒷면에

글을 써서 물으니, 성명은 김계정(金啓正)으로 무령현(撫寧縣)

출신이었다. 그는 집안이 빈한하여 돈이 없었던 까닭에, 이곳

통원보에 머무르며 사람들을 위하여 문관(門館)을 개설하였던

것이다.[각주_ 중국의 풍속에는 선생을 집으로 초빙해서, 그 자제들을 가르치는 자를

문관 선생이라고 불렀다.]4) 내가 물었다.

　"학도는 몇 명이나 됩니까?"

　"열두 명입니다."

라 했다. 재차 질문하기를,

- - - - - - - - - - - - -

　4) 박세당은 해당 구절의 아래에 작은 글씨로 "中國之俗 迎師于家 以敎其子弟者,
　　謂之門館先生."이라는 주석을 덧붙여 두었다.

"처음으로 중국 땅을 밟은 탓에, 지금 천하가 잘 다스려지고
있으며(淸平), 또한 민생(民生)이 안락한지 여부를 잘 모르겠소!"
라고 했다. 김계정이 답하기를,

"관서(關西) 지역은 죄다 기하권(旗下圈)[5]에 들어서, 피점령민
(占民)들은 명령을 다 감당하지를 못했었지요. 때문에 관동(關東)
으로 흘러들어 차역(差役)[6]을 피해서 면하기를 도모하는 자들이
많은 실정입니다."
라 했다. 나는 또 물었다.

"기하(旗下)가 어떠한 종류의 관직인가요?"

"왕자(王子)의 장두(庄頭)입니다."

나는 재차 질문했다.

"관외(關外)에서는 관내(關內)를 어떻게들 바라보고 있습니
까?"

그가 답하기를,

"관동은 오래도록 황폐한 지역으로 인민들이 잠시 집결을 하였
으나, 또한 겨우 입에 풀칠(糊口)이나 할 따름이지요. 관서의 경우

• • • • • • • • • • • • • •

5) 청(淸)의 군사조직인 팔기제(八旗制)를 뜻한다. 또한 여기서 관내(關內)는
　관서(關西), 관외(關外)는 관동(關東)과 동일한 의미를 지니며, 그 경계를
　가늠하는 지역은 산해관이다.

6) 원래 차역(差役)은 송대(宋代)의 과역(課役)을 지칭하는 개념이다. 이 과역법
　은 민가를 구등분(九等分)하는 가운데, 상위 사등(四等)에서 인부를 징발하
　여 부역(賦役)을 시키고, 하위 오등(五等)에게는 면제시켰다.

인민들이 도망가고 흩어져서 전곡(錢糧)의 부담이 너무나 무겁습니다. 관동과 비교해 보더라도, 도리어 그만큼은 못한 실정입니다."

라 했다. 나는 다시 질문했다.

"듣자 하니 금년에 제남(濟南) 등지의 지진으로 강남(江南)이 일순 아수라장이 되어 인명의 손상이 심각했다는데, 사실입니까?"

"그랬었지요!"

내 질문은 계속되었다.

"운귀(雲貴)·양광(兩廣)·복건(福建)은 한결같이 모두 성부(省府)가 설치된 지역인데, 반란(叛摠)을 꾀하는 자들은 없습니까?"

"잘 모르겠군요."

나는 또 묻기를,

"전해 들으니 몽골이 와서 희봉구(喜峯口)를 침범하곤 했다는데,[7] 이러한 말들이 사실입니까?"

----

7) 희봉구는 장성(長城)의 동북쪽에 위치한 몽골과의 접경 지역 중의 하나다. 1629년 10월에 후금(後金)의 홍타이지는 전략적 차원에서 몽골족이 살고 있는 장성의 외곽인 희봉구로 우회하여 진입하는 전략을 수립함으로써, 마침내 북경을 공략할 수 있었다. 이는 명의 마지막 보루인 원숭환(袁崇煥)이 진수하고 있던 영원성(寧遠城)을 피해 가기 위한 기습전략이었다. 박세당은 희봉구와 관련된 사안을 희봉사(喜峯事)로 약칭하면서, 사행 기간 동안에 몽골의 군사적 동향을 예의 주시했다.

"나도 또한 그와 같은 소문들을 접하긴 했으나, 미처 아직 그 실상을 확인하지는 못했습니다."

라고 답했다. 김계정은 마침내 내 질문을 사양하고는 되돌아갔다. 자못 조심하고 꺼리는 기색이 역력해 보였다. 이날은 60여 리를 행진했다.

경신일(庚申) [각주_ 경신첩출(庚申疊出)[8]]

날이 조금 흐렸다. 일찍 출발을 해서 여마장(馹馬場) 동북쪽 산 아래에 이르러 아침을 먹었다. 노변에 비석이 있었다. 명말인 만력(萬曆) 신축년(1601)에 건립된 비석으로, 비문을 새긴 자는 예과급사중(禮科給事中) 서관란(徐觀瀾)이었다. 비문은 음각으로 여러 사람들의 성명을 새겨두었는데, 모두 당시에 동방(東方)을 경리(經理)하러 왔던 자들이었다. 분수령(分水嶺)을 넘어서 저녁 무렵에 연산관(連山關)에 당도하여, 그곳의 찰원에서 유숙했다. 이날은 60리를 행진했다.

---

8) 적기된 첩출(疊出)은 동일한 지면이 반복되어 출현하는 현상을 지칭하는 개념이다. 다시 말하여 『서계연록』의 350~351면은 앞부분인 346~347면과 동일한 내용으로 채워져 있다. 이를 저자인 박세당은 경신일 곁에 작은 필체로 "庚申疊出"로 표시해 두고 있다.

🍃 임술일(壬戌)

아직 동이 터기도 전에 출발을 했다. 어떤 호인(胡人)이 지명을 물으러 왔다가, 나를 보자마자 말에서 내려서 배례를 취했다. 더욱이 그는 조선말에도 능숙했다. 내가 물었다.

"그대는 조선인이시오?"

그가 대답하기를,

"본래 집은 과천(果川) 상초리(霜草里)로, 선릉(宣陵)의 수호군(守護軍) 직임을 수행했었습니다. 제 나이 16세 되던 해에 병자호란을 당해서, 몽골에 피략(被掠)되어 끌려 왔습니다.[9] 두어 번 도망도 쳐보았으나 다시 붙잡히기를 반복하다가, 지금은 요동(遼東) 근처에서 장노(莊奴)로 일합니다."

라 했다. 또 말하기를,

"저희 부친은 선릉의 수복(守僕)을 지내셨고,[10] 또 형님도 계셨는데, 생사 여부를 알 길조차 없습니다."

라 했다. 다시 내가 묻기를,

"귀국할 의사는 있는가요?"

라 하니, 그가 답하기를,

---

9) 병자호란(1636) 때에 포로로 중국에 끌려간 조선인의 경우로서, 이를 피로인(被虜人)[被擄人]으로 부른다.

10) 수복은 조선시대에 묘(廟)·능(陵)·원(園)·서원(書院) 등의 제사를 맡아보던 직원으로서, 해당 관청은 수복청(守僕廳)이었다.

"밤이면 밤마다 조선으로 돌아가는 꿈을 꾸지 않은 날이 없습니다. 여기서 다시 장가를 들어 아내를 만났었지만, 다 죽고 말았답니다. 자녀도 대여섯 명을 두었었지만, 다들 제대로 한 번 키워내지도 못했었지요. 이제 홀아비 신세에다가 또 늙기조차 했으니, 몰래 도망쳐서 귀국하고픈 의사야 간절하고 말고지요! 이미 해가 기울어 어둑한 저녁이나 진배없는 인생사인데, 지금 비록 동환(東還)한다고 하더라도, 고국(故土)은 반드시 나를 수용하지 못할 것입니다. 뭘 어찌해야 할지, 그저 막막할 따름입니다."
라고 했다. 달리 그에게 묻기를,

"소문에 몽골이 근래에 관외 지역을 침범했다고들 하는데, 그대는 이 사실을 알고는 있소?"

대답하기를,

"금년 봄에도 몽골 지역은 몇 년째 연이은 흉년이 겹쳤고, 시장(場)이 열리기를 바랬으나 미가(米價) 상승에 분노한 나머지, 드디어 소와 말을 겁탈(劫取)하였고, 인명을 상해한 끝에, 곡류(栗) 60바리를 약탈해 왔습니다."
라고 전언했다. 또 말하기를,

"금년처럼 가문 해에는 7월이 되면 당연히 관외를 재침할 듯하나, 일시적으로 당장의 원성은 사그라진 상태입니다."
라고도 했다.

고령(高嶺)을 넘는데 심히 높고 험준하다. 전후로 이 고개를

46

넘나들었던 봉사단들 대부분이 이 고개를 회령령(會寧嶺)인 줄로 알았으나, 그렇지가 않다. 이는 말이 와전되어 초래된 착오인 것이다.

고개를 내려와 첨수참(甛水站)에 미치기 수리 전 지점에 머물러서, 그 동쪽 편에서 식사를 했다. 그 첨수참의 서쪽 산기슭의 절벽 위에는 우뚝하니 솟은 탑이 있었다. 역배들의 전언에 의하면,

"연개소문(蓋蘇文)이 창건했다고 합니다."

라고들 했다.

그러나 토착민들을 탐방한 결과, 이르기를,

"산에는 명나라 때의 총병(總兵) 한씨(韓氏)의 묘가 있습니다. 이 탑이 바로 그의 묘인데, 승리에 염증을 느낀 나머지 지었다지요?"

라고 했다.

첨수참을 지나서 다시 청석령(靑石嶺)을 넘었다. 청석령의 높이는 고령에 미치지는 못하나, 어지러운 바위들이 들쑥날쑥한 이빨처럼 험하고 막히기로는 비할 데가 없다. 우리나라 서울에서 연경(燕京)에 이르는 3,000여 리 동안에, 고개(嶺)의 높이로는 고령보다 더한 것이 없으며, 험준하기로는 청석령만 한 것이 없을 것이다. 저녁에는 낭자산(狼子山)에서 야숙했다. 이날은 80리를 행진했다.

🎋 계해일(癸亥)

해가 뜨기도 전에, 무릇 사섭(四涉)으로 불리는 강 하나를 건넜다. 전록(前錄)을 상고해 보니, 어긋나게도

"이 강은 삼류하(三流河)다."

라거나, 혹은

"류하(柳河)·삼류하(三流河)·양하(陽河)다."

라고 기록해 두고 있었다. 길에서 만난 여러 사람들에게 문의해 보니, 한결같이 이르기를,

"다만 탕하(湯河)가 있을 뿐입니다."

라고 했다.

다시 두 고개를 넘었다. 앞에 것은 소석문(小石門)이고, 뒤에 것은 대석문(大石門)이었다. 전록에는 또한 "이를 왕상령(王祥嶺)"으로 여겼거나, 아니면 "앞 고개는 왕상령으로, 뒷고개는 석문(石門)"인 것으로 표기해 두기도 했다. 지금 길에서 만난 십여 인에게 왕상령의 소재를 탐문해 보니, 모두들 말하기를,

"지금껏 그런 고개가 있다는 소리를 들어 보지도 못했군요!"

라고만 한다. 아침은 고개 아래에서 먹었다. 곁에는 차가운 샘이 있고, 사슴 떼들이 산비탈을 누비고 다녔다. 갑군 두 사람이 가서 활시위를 당겼으나 맞추지는 못했다.

아미장(阿彌庄)을 지나는데, 길 옆쪽에 응진사(應眞寺)가 있었

다. 그곳의 승려 수십 명이 범음(梵音)으로 불경을 독송하는 모습이, 조선의 승려들과 너무나 서로 비슷했다. 다만 법고(鼓)와 동발(鈸)로 곡하는 리듬이 같기도 하고 다르기도 하니, 이에 승가의 독경과 주력(呪)은 전승되어 본받는 바가 있음을 알겠다.

일명 동량하(東梁河)로도 불리는 태자하(太子河)를 건넜다. 압록강(鴨綠)에서 요동에 이르는 동안에, 이 태자하가 가장 큰 강에 해당한다. 강 가까이 북쪽 언덕배기에는 기복사(祈福寺)라는 사찰이 있었다. 절집 기둥은 모두 새로 단청을 입혀서, 광채를 발하며 환히 빛나서 아찔하니 눈이 어지러울 정도였다. 한 승관(僧官)이 차와 과일을 차려서 새로 지은 신성(新城)에 공양을 드리러 가고 있었다. 성 가운데의 인가는 쇠잔하나, 북문 안에는 높디높고 뾰족하며 큼직한 집이 있는데, 청색과 황색으로 칠해져 있었다. 『지지』에 이르기를,

"무릇 이곳은 청 태종(崇德汗)이 요동(遼東)을 공략할 때에 한탄하며 머물던 곳이다. 후일에 이 건물로 바뀌었다."

라고 기록되어 있다. 다시 태자하를 건너서 찰원에 도착했다. 찰원의 동쪽은 신성이고, 서쪽이 요동 구성(舊城)이다. 이날은 60리를 행진했다.

🌿 갑자일(甲子)

심양(瀋陽) 호례부(戶禮部)의 시랑(侍郎) 두 사람이 이곳을 찾아와서는, 찰원에 도착하는 대로 상견할 것을 희망했다. 때문에 일찍 길을 나설 수가 없었다. 아침을 먹고 난 뒤에, 비로소 외랑직고(外郎直庫) 각기 두 사람과 아역인 김용립(金龍立)이 함께 왔다. 우리 일행은 저들을 마치 봉황성 사람(鳳城人)과 같은 부류로 대했다. 봉황성의 호행과 마패 및 황일은·김등문 등도 함께 왔다. 외랑직고는 곧 서리(胥吏) 류에 불과하거늘, 시랑과 함께 나란히 앉아서는 품계의 구별이 없으니, 그 예의 차등화 정도(禮數)가 소략함이 이와 같았다.

견관(遣官) 변이보(卞爾輔)와 청역(淸譯) 정효량(鄭孝亮)으로 하여금, 질 좋은 대소 종이 63,000장과 잡색목(雜色木) 2,600필, 붉고 푸른 명주 200필과 다람쥐 가죽(靑黍皮) 7령, 당두(唐斗)[11]로 되인 백미 7말, 이렇게 해서 모두 73짐(馱)을 심양에 나르게 했다.

오후에 길을 나서 요동 구성에 들어 백탑사(白塔寺)를 관람했다. 백탑사의 옛날 이름은 광우사(廣佑)였으나, 탑으로 인하여 새 이름을 얻게 되었다. 『지지』에는 탑 높이가 사오 장(數丈)에

....
11)『치문경훈(緇門警訓)』권3의「발제의(鉢制意)」에 "만약 당나라 말(唐斗)을 기준으로 할 경우, 큰 바리때는 한 말을 들이고, 작은 것은 다섯 되가 들어간다 (若準唐斗, 上鉢受一斗, 下者五升)."라는 구절이 보인다.

불과한 것으로 되어 있다. 그런데 지금 살펴본 바로는 높이가 수백 척이나 되거늘, 어찌 부풀리고 꾸며서 그렇겠는가? 모두 28층인데 팔각마다 모두 풍령을 매달아 두었다. 최상층에는 한 장(丈) 남짓한 구리로 된 기둥을 세웠고, 탑 아래의 둘레가 무려 예순다섯 아름이나 된다. 이 탑은 수십 리 먼 거리에서 바라보면 아득히 나부끼는 화살이 공중에 붕 떠서 있는 듯하다. 승려가 말하기를,

"황제 측근에서 사람을 보내서 살펴보고는, 증수할 의향을 보였답니다."

라고 한다. 전언자 중의 어떤 이가 이르기를,

"백탑으로 화표주(華表柱)를 삼으려 한다."

라고도 했다. 『일통지(一統志)』에 의하면,

"본디 화표주는 성 안의 고루(鼓樓) 동쪽 편에 위치하고 있다."

라고 기록되어 있다. 그러나 옛날의 돌로 된 기둥(石柱)은 인몰되었고, 당시의 도관(道觀) 역시 폐해져 버렸다. 화표주란 바로 교각 위의 수호기둥(護柱)을 말한다. 이미 그 망실된 지가 오래된 바람에, 이름(名)과 실물(實)의 일치 여부를 궁구할 수 없음이 이와 같은 지경이니, 참으로 우스운 일이다.

수산장(首山庄)을 지나고 주필령(駐蹕嶺)을 넘었다. 길 북쪽에 위치한 주필산(駐蹕山)은 자그만 산이었으나, 여러 봉우리가 산 아래에서 정상까지 온통 석산이어서 초목이 자라지 못했고, 그

최상봉에는 연대(烟臺)가 설치되어 있다. 거주민들을 방문했지만 수산(首山)이 주필산으로 바뀐 이유를 알지 못했다. 자세히 탐문하는 동안에, 처음 질문할 때부터 업신여기는 투의 그 무지몽매함이 너무 심하다. 『지지』를 살펴보건대,

"원래 수산은 요동성 서남쪽 15리 지점에 위치했고, 산 정상의 평평한 바위(平石) 위에는 장지(掌指) 형상의 샘이 있다. 이 샘에서는 한 움큼 분량의 물이 마를 틈도 없이 계속 흘러나왔다. 당 태종이 요동을 공략할 적에, 수산에 상주하면서 돌에 공을 새겨서 기념하였고, 이로 인하여 주필산으로 고쳐 부르게 되었다."
라고 적혀 있다. 또한

"『당서(唐書)』에는 마수산(馬首山)으로 불렀고, 『요사(遼史)』에서는 수산(手山)으로 일컬었다."
라는 사실을 아울러 이에 확인해 둔다. 역관 정세유(鄭世維)가 스스로 회고해 보이기를,

"일찍이 주필산 아래에 위치한 청평사(淸平寺)에 유람을 간 적이 있었지요. 그때 만났던 노승이 이르기를, '연대가 있는 곳이 바로 주필봉이다.'라고 하더군요."
라 했다. 이에 나는 정세유에게 장지 형상의 샘과 돌에 새긴 기록 등에 관한 것들을 물었으나, 그는 모두 알지 못했다.

저녁 무렵에 남사하포(南沙河鋪)에 도착하여 말들을 쉬게 하였다. 날이 이미 저문 밤에 40리를 더 행진했다. 필관포(筆管鋪)에

이르러 찰원에서 묵었다. 이날은 70리를 행진했다.

🐌 12월 1일 : 을축일(乙丑)

일찍 출발하여 장가둔(蔣家屯)을 지나서 경과장(耿家庄)에서 아침을 먹었다. 다시 고성자(古城子)를 지나고 망대하(望臺河)를 건너서, 본디 동창보(東昌堡)였던 우가장(牛家庄)에 이르러 찰원에서 묵었다. 이날은 70리를 행진했다.

🐌 병인일(丙寅)

청나라 사람들에게 방물(方物)을 나눠서 주었다. 장계를 봉해서 회환(回還)하는 의주인에게 부촉했다. 봉황성 호행 등이 작별하고 복귀하려기에, 각기 선물을 증여했다. 이날은 우가장에서 체류하였다.

🐌 정묘일(丁卯)

구름이 끼었고 바람도 드세다. 해가 뜰 무렵에 길을 나섰다. 아역 김술(金述)과 마패 호시보(狐施普), 복병장 위평(韋平)과 난복고(欒服古) 두 사람, 그리고 갑군 23명이 일행을 호위했다. 삼하보(三河堡)를 지나고, 일명 삼차하(三叉河)로도 불리는 요하(遼河)를 건넜다. 요하 명칭을 질문했더니, 토착민들이 이르기를,

"혼하(渾河)・태자하(太子河)・주류하(周流河)로도 부른답니다."

라고 했다. 무릇 세 강물이 상류에서 합류하기 때문에, 그렇게 말했던 것 같다. 그런데『지지』에는 다만 태자하와 요하만을 언급했고, 주류하는 아울러 말하지 않았다.

아침은 요하 변에서 먹었다. 다시 서령보(西寧堡)를 지나고, 저녁에는 사령역(沙嶺驛)에서 유숙했다. 요하의 서쪽 언덕에서부터 비로소 도로를 닦아 두었다. 길 바깥쪽에는 도랑을 파서 만든 해자(塹)가 광녕(廣寧)에 이르기까지 200여 리나 되었는데, 이것이 바로 요택(遼澤)이라는 것이다. 오후 서너 시부터 야밤에 이르기까지 가는 눈발이 내렸다. 이날은 60리를 행진했다.

🐚 무진일(戊辰)

드센 바람이 분다. 평안보(平安堡)를 지나서 고평역(高平驛)에서 아침을 먹고, 또 20리를 행진했다. 노변에 쌍비(雙碑)가 있는데, 하나는 세워져 있고 다른 하나는 쓰러져 있었다. 그 세워진 것은 큰 획으로 대로취섬처(大虜就殲處)라는 다섯 글자가 극히 선명했고, 뉘어진 것은 가는 글체로 진무첩공기(鎭武捷功記)라고 씌어진 듯했으나, 글자가 결락된 탓에 판독하기가 어려웠다. 아마 동일원(董一元)의 전공(戰功)을 아울러 기록해 둔 비문이 아닐까 싶다.12) 저녁에는 반산역(盤山驛)에서 묵었다. 이날은 100리를 행진했다.

🍂 기사일(己巳)

조금 흐린 날씨에 여전히 바람이 드세다. 이십리포(二十里鋪)에서 아침을 먹고, 저녁에 광녕에 이르렀다. 성 안에는 이성량(李成樑)의 석비루(石碑樓)13)가 있었고, 성의 서쪽 2리에 북진묘(北鎭廟)가 있었다. 북진묘는 곧 의무려산(醫巫閭)을 말한다. 그 산과 성과의 거리는 5리이며, 묘의 크기는 길의 반쯤이나 된다. 높은 언덕 위에 있는 문(門)의 행랑과 누각이 쇠잔하고 훼손된 정도가 너무 심하다. 어떤 승려가 이르기를,

"몽골군에 의해서 북진묘가 불타고 말았지요. 묘 앞에 보이는 요동 들판에 임하면, 고송(古松) 수그루가 있어서 경취가 맑고 훤했었답니다. 지금은 다만 온통 가시나무숲만 보여서 더는 황량할 수가 없답니다. 옛날의 경관을 보존하고 있는 것으로는, 겨우 원명(元明) 이래의 강향비(降香碑) 4, 50주가 내외의 뜰에 빽빽이

....

12) 명대의 동일원(董一元)은 정유재란 때 중로군(中路軍) 제독(提督)으로 참전하였다. 비문과는 달리 1598년(선조 31) 10월에 경남 사천(泗川)의 선진리성(船津里城) 전투에 참전하여 대패한 전력을 지니고 있다.

13) 박세당은 석비루(石碑樓) 중에서 비(碑)자 곁에 작은 필체로 '패도(牌刀)'[방패와 칼]라는 단어를 괄호 속에 넣어 두었다.

늘어서 있을 뿐입니다."

라고 전언했다. 내가 『지지』를 살펴 보건대,

"의무려산은 여섯 겹으로 가려져 안겨졌으며, 순(舜) 임금이 12산을 책봉할 적에, 이 산은 유주(幽州)의 진(鎭)으로서, 기록마다 영험한 자취가 많다."14)

라고 적혀 있다. 지금 그 산을 관찰해 보니까, 온통 석산으로 이뤄진 산 모습이 솜옷처럼 널리 펼쳐졌고, 준봉(峻峰)이 없는 평평한 정상, 병풍처럼 가파르게 늘어진 봉우리들마다 수목이 자라지 않아서, 다른 산들과는 판이해 보였다.

저녁에는 찰원에서 묵었다. 광녕 통판(通判)인 장현빈(張顯斌)과 영파부(寧波府) 사람인 구명첩(具名帖)이 양주(羊酒)를 보내 왔다. 우리 일행 중에서 역시 사례를 표했다. 견관 변이보 등이 심양으로부터 막 도착해서 이르기를,

"아역 김용립이 방물을 수색하기를 그치질 않아서, 겨우 수납을 마치고 돌아왔습니다."

라고 했다. 이날은 50리를 행진했다.

----

14) 『서경(書經)』 권1, 「순전(舜典)」편의 10장에는, 순 임금이 "12주(州)를 처음으로 만들고, 12주의 산을 봉표(封表)하며, 내를 깊이 파셨다(肇十有二州, 封十有二山, 濬川)."라는 구절이 있다. 12산을 봉표한다는 것은 한 주마다 한 산을 봉표하여, 한 주의 진산(鎭山)으로 삼는 것을 뜻한다. 12주는 기(冀)·곤(袞)·청(靑)·서(徐)·형(荊)·양(揚)·예(豫)·양(梁)·옹(雍)·유(幽)·병(幷)·영(營)이다(『서집전(書集傳)』의 해당 주석).

🎐 경오일(庚午)

북진보(北鎭堡)를 지나서 여양역(閭陽驛)에서 아침을 먹었다.
청장 8인이 그 처자들을 이끌고 영고탑(寧古塔)에 갔다가, 마침
이곳을 지나가고 있었다. 일행 중의 네 사람이 찾아와서 만났다.
그 중에 나이가 열여덟 정도 되어 보이는 자제 하나가 능숙하게
한자를 해독했다. 나는 필묵을 증여했다.

저녁에 십삼산(十三山)에 이르러 찰원에서 유숙하고 있었는데,
라마승(喇嘛僧) 두 사람이 찾아왔다. 그 옷차림은 속은 붉고 겉은
누랬는데, 모두 비단옷이었다. 이들이 자랑하듯 말하기를,

"황제가 내리신 하사품입니다."

라고 뇌까렸다. 근처 주민들이 전언하기를,

"저들은 몽골 출신의 승려들입니다."

라고 했다. 내가 일찍이 『원사(元史)』를 보니까,

"서번(西番)의 라마승은 계율을 엄수하지 않으며, 음란하고
방자하여 무상(無狀)하다."

라고 했던데, 지금 이 승려들을 직접 접해 보니, 역시 훈육(葷肉)을
먹으며 바지(袴)를 입지 않아서, 그 상태가 극히 흉험하고 완악무
도해 보였다. 이날은 100리를 행진했다. 『지지』에 이르기를,

"십삼산은 곧 의무려산이 다하는 곳이니, 산 아래에 동(洞)이
있고, 산 정상에는 연못이 있다."

라고 적혀져 있다.

🌀 신미일(辛未)

새벽 일찍 출발했다. 길을 잃은 끝에 기구한 처지가 되었다가, 전롱(田隴) 사이에서 겨우 빠져나올 수 있었는데, 하늘은 이전처럼 밝았다. 홍라산(紅螺山)을 지나서 대릉하(大凌河)를 건넜다. 길에서 연소한 호장(胡將)과 마주쳤는데, 안장을 지운 말이 무척 화려하고 아름다웠다. 십여 인의 기병(騎)들이 뒤따르고 있었다. 또한 부인들을 실은 수레 두 대가 지나가고 있었다. 내가 물었다.

"황기(黃旗)인가요?"[15]

"고산왕(固山)[16]의 자제들로서 심양에 다녀오는 길입니다." 라고 했다.

소릉하(小凌河)를 건너서, 강변의 가겟집에서 아침을 먹었다.

· · · · · · · · · · · · ·

15) 1601년에 누르하치는 휘하의 부족을 4개의 니루(Niru, 牛彔)로 재편하면서, 음양오행(陰陽五行)의 상징적 의미를 지닌 네 가지 색인 황(黃)·백(白)·홍(紅)·남(藍) 색의 깃발로 구분하여 칭명했다. 황기(黃旗)는 바로 이 사기(四旗) 중의 하나다.

16) 고산(固山)은 팔기제도의 단위 중에서 5개의 잘난(甲喇, Jalan)으로 조직된 구사(Gūsa, 固山)를 뜻한다. 그러나 전후 문맥을 고려하자면, 고산은 구사의 장(長)인 구사어전(Gūsa-i-ejen, 固山額眞)을 지칭하는 표현임에 분명하다. 구사는 여덟 가지의 깃발 색깔에 따라 정홍기(正紅旗)·정황기(正黃旗)·정백기(正白旗)·정남기(正藍旗) 및 양황기(鑲黃旗)·양백기(鑲白旗)·양남기(鑲藍旗)·양홍기(鑲紅旗)로 구성되었던바, 곧 팔기(八旗)인 것이다.

송산(宋山)을 지날 즈음에 역관 장현이 회고하기를,

"지난 계미(癸未, 1642) 연간에, 명의 대장인 조대락(祖大樂)이 이 송산성을 지키고 있었습니다. 청군이 3년이 넘도록 성을 공격했으나, 쉬이 점령하지를 못했답니다. 수많은 살상자가 속출한 끝에, 마침내 성은 함락되었고 조대락도 전사했답니다. 성을 점한 청군은 격노한 나머지, 그 끝까지 성을 사수한 이들을 모조리 산 채로 구덩이에 묻어 버리고, 남은 사람들도 죄다 죽여 버렸지요! 바로 그 성에, 지금 새로 인민들이 모여들었지만, 쇠잔한 정도가 너무나 심해 보입니다."

라 했다. 장현이 또 덧붙이기를,

"송산 전투는 급박했었습니다. 총독 홍승주(洪承疇)는 장차 오삼계(吳三桂) 등의 십여 만의 무리들로 이뤄진 13개 총병(總兵)과 연합해서, 성을 재탈환하러 왔었지요. 성 북쪽산에 옹거하고 있던 청군은 크게 놀랬었죠. 이에 청의 용골대(龍骨大)와 마부대(馬夫大) 두 장수는 동병(東兵) 600명을 청하여 전열을 가다듬고 홍의포를 발사하기 시작했답니다. 청군의 맹렬한 공격에 죄다 몰살당할 지경에 처해지자, 남병(南兵)은 경악하기 시작했습니다. 마침내 홍승주가 군사를 버리고 패주하면서, 명군은 대패하고야 말았습니다."

라고 전했다. 장현이 또 말하기를,

"송산성이 함락될 때에, 선왕(先王)[17]과 소현세자(昭顯世子)도

함께 군영 중에 계셨지요."라고 했다. 인하여 성의 동남쪽에 위치한 작은 언덕배기를 가리키며 말하기를,

"저곳이 바로 선왕께서 머물렀던 자리입니다."

라고 했다. 계속해서 이르기를,

"저는 그 당시 마침 선왕을 뒤따라 다니며 수행하여 모시고 있었답니다. 선왕께서는 지난 세월을 추억하면서, 남한산성이 함락되었던 당시의 일로 효유하는 데에 말이 미치면, 한동안 비통한 심회에 무젖곤 하시더군요!"

라고 회고해 보였다.

저녁에 행산보(杏山堡)에 이르러, 그곳에서 묵었다. 인가 중에는 배를 파는 자가 있어서, 팔도록 해서 몇 개를 샀다. 담백한 맛에 붉은 빛을 띤 것이 너무도 시원하고 연한 맛이었다. 행산은 또한 조대필(祖大弼)이 지켰던 성인데, 그는 성이 함락되면서 전사했다. 조대필은 조대락의 종제(從弟)였다고 한다. 이날은 90리를 행진했다.

～⊛ 임신일(壬申)

어둑하니 시원할 무렵에 출발해서 고교보(高橋堡) 탑산(塔山)

· · · · · · · · · · · · · · ·

17) 선왕(先王)은 당시 심양에 볼모로 잡혀 갔던 봉림대군(鳳林大君), 즉 효종(孝宗)을 지칭한다.

60

을 지나서, 연산역(連山驛)에서 아침을 먹었다. 다시 쌍석성(雙石城)을 지나려는데, 길에서 말 16필과 소 20마리, 그리고 양 60마리를 몰고 가는 몽골 사람들을 조우했다. 장차 북경에 조공(貢)하러 가는 길이었다.

삼수산(三首山)을 지나서 저녁에는 영원성(寧遠城)에 도착했다. 성 안에는 조대수(祖大壽)와 조대락의 패루(牌樓)가 세워져 있었다. 모두 동석(鍊石)으로 제작을 한 것이, 이성량의 패루와 같은 양식이었다. 조대수의 옛집이 패루 곁쪽에 있었는데, 매우 크고 호사스러웠다. 인근의 거주민에게 묻자, 이르기를,

"조대수의 아들은 이름이 관(寬)이었는데, 당시 군문(軍門)에 소속되어 북경에서 복무했었답니다. 이 고택을 지킨 자는 모두 그의 장두(庄頭)들이었습니다."

라고 했다.

영원과 바다와의 거리는 채 10리가 안 된다. 지난 명말에는 적의 요해처(咽喉)가 되었고, 지리적 중요성으로 항상 10만 병력이 주둔했다. 원숭환(袁崇煥) 또한 이곳에 머물면서 성을 진수했었다. 그는 일찍이 계략으로 청군(北兵)을 크게 섬멸하기도 했다. 옛날에는 양쪽에 담을 쌓은 길(甬道)을 만들어서 성에서 바다까지 양식을 운반하였기에, 적의 공격에 의한 탈취를 방어하곤 하였다. 지금 영원의 민물(民物)과 시사(市肆)는 자못 융성하여, 이제껏 접한 곳과는 비교가 되지 않았다. 또한 지난 시절에 원(袁) 군문

(軍門)은 이미 등주(登州)와 내주(萊州) 공로(貢路)를 변경하여, 조선 사신으로 연경에 가는 이들은 각화도(覺華島)를 경유하여 곧장 남하하다가, 이곳 영원으로 상륙을 했었다. 각화도는 영원성 동남쪽 20리 지점에 위치한다.

우리가 묵었던 찰원은 바로 명대의 학사(舊學)였다. 이날은 90리를 행진했다.

계유일(癸酉)

새벽에 일어나 선사(先師)의 정우(庭宇)를 참배했다. 제대로 관리가 안 되어서 더럽혀진 정도가 너무나 심했다. 일찍 출발해서 칠리파(七里坡)를 지나고, 중우소(中右所)에서 아침을 먹었다. 곡척하(曲尺河)를 건너고 동관역(東關驛)을 지나서, 다시 육고하(六股河)를 건넜다. 저녁에는 중후소(中後所)에서 묵었는데, 어떤 피로(被虜) 남녀 두 사람이 찾아와서 만났다. 이들에게 물품을 증여했다. 이날은 70리를 행진했다.

갑술일(甲戌)

새벽에 사하보(沙河堡) 구비(溝界)를 지나서, 전둔위(前屯衛)에서 아침을 먹었다. 급수하(急水河)와 고령역(高嶺驛), 석자하(石子河)를 지나고 중전소(中前所)에서 묵었다. 이날은 90리를 행진했다.

🌀 을해일(乙亥)

이른 아침에 길을 나섰다. 산해관(山海關)에 이르기 전 수십
리 즈음에서, 멀찌감치 만리장성(長城)을 바라보았다. 장성은 해
안에서 솟구쳐 뭇 산들에 걸쳤고, 재들을 멍에로 삼아 비스듬히
연이어져, 북으로 펼쳐진 하얀 성가퀴(粉堞)들은 흡사 구름 솜옷
이 무한히 펼쳐지기를 요하는 것만 같으니, 참으로 천하의 장관이
다. 평지에 자리한 산해관은 북쪽으로 각산(角山)에 기대었고,
남으로는 발해만(渤海)에 임하여, 산과 바다가 교차하는 그 사이
가 겨우 십여 리에 불과한데, 아마도 하늘이 이토록 험준한 지형을
진설하여 중국을 호위하려 하셨나 보다! 『지지』에서 언급하기를,
"명초의 중산(中山) 무령왕(武寧王) 서달(徐達)이 심하역의 유
관(榆關)을 이곳으로 옮겨서, 지금의 이름인 산해관으로 고쳤다."
라고 하였다. 지난 갑신변란(1644) 때에,[18] 성이 많이 뚫리고

....

18) 순치(順治) 원년인 1644년은 순치제가 북경에 입성한 해이면서, 이자성(李自
成)이 서안(西安)을 점령한 후에 대순정권(大順政權)을 수립한 해이기도 하
다. 위의 갑신변란(甲申變亂)은 당시 산해관 수비를 담당하고 있었던 오삼계
(吳三桂)와 연합하려 했던 이자성의 전술과는 달리, 섭정왕 도르곤(多爾袞)으
로부터 관직과 부귀를 보장받고 청조에 투항한 오삼계 간에 유발된 사태를
지칭하는 듯하다. 오삼계의 4만 정병과 합세한 도르곤은 18만 대군을 이끌고
북경을 향하여 진군했고, 결국 이자성은 북경을 포기하고 섬서(陝西)로 도주
하고야 만다. 마침내 청군은 동년 6월 6일에 북경성 진입에 성공하게 된다.

훼손되었다. 들으니 금년에 비로소 완전히 수리를 해서 옛날 모습을 회복했다고 한다.

정녀사(貞女祠)는 곧 이른바 망부석(望夫石)이라는 곳인데, 곧장 산해관과 맞닿아 있다. 관문 안에서 앉아 있던 청장이 인구와 말들을 모두 조사해서 들여보냈다. 신 등은 맨 뒤에 입장을 했다.

성장에게 청해서 성루(城樓)에 올라 누각을 살펴보니, 썩어 너덜거리는 정도가 심히 위험한 지경이었다. 누각 위에는 큼직한 대자로 씌어진 천하제일관(天下第一關)이라는 다섯 글자가 보였는데, 전언에 의하면,

"이사(李斯)가 썼다."

라고들 했다. 그러나 이 산해관은 원래 진대(秦)에 설립된 것이 아니거늘, 어찌 이사의 글이 있을 수 있겠는가? 그 말이 거짓되고 망녕스럽다.

각산사(角山寺)는 각산의 정상에 위치해 있다. 북으로 장성을 뒤돌아보았고, 남으로는 바다를 굽어 바라보며, 서로는 유관을 가리키면서, 동으로는 요새(遼塞)에 임했으니, 또한 제일의 승관(勝觀)이었다. 찰원에서 묵었다. 이날은 30리를 행진했다.

＊ 병자일(丙子)

성장이 옛 위학(衛學)의 명륜당(明倫堂)에서 요연(邀宴)을 베

풀었다. 신 등을 인도하여 먼저 서쪽을 향해서 삼배와 구고두(九叩頭)를 취하게 하였고, 이어서 좌정했다. 연회가 파하자 다시 서향 일배와 삼고두를 취했고, 서로 읍례를 취하면서 밖으로 나왔다.

산해관을 지키는 연로한 마패가 음식을 마련해서 보내왔다. 신 등은 받지 않으려 했으나, 진정으로 청하기를 멈추지 않기에, 이에 받고는 물품으로써 사례를 표했다. 이날은 그대로 머물렀다.

✣ 정축일(丁丑)

구름이 약간 끼었고 바람이 심하다. 해가 뜰 무렵에 석하(石河)를 건너고, 홍화점(紅花店) 해양성(海陽城)과 범가점(范家店) 대리영(大里營), 그리고 왕가령(王家嶺)을 지나서, 봉황점(鳳凰店)에서 아침을 먹었다. 다시 심하역(深河驛)의 유관을 지났는데, 유관은 곧 옛적의 요새로서 무령(撫寧)과의 거리는 20리다. 수시로 유관에 임하곤 했던 까닭에, 달리 임려관(臨閭關)으로도 불렸다. 그런데 지금은 옛날에 축조한 자취조차 남아 있지 않아서 마땅히 물을 데도 없다.

다시 소유관(小榆關) 백석포(白石鋪) 동녕교(東寧橋)를 지나서, 무령현(撫寧縣)에 이르렀다. 입관(入關)한 이래로 민물(民物)이 융성한 정도가 관외 지역의 곱절이나 된다. 무령현은 비록

산해위(山海衛)에는 미치지 못하지만, 또한 번서(繁庶)한 기상이
있었다.

산천이 맑고 수려했다. 토이산(兎耳山)은 무령현의 서쪽에 위
치했고, 오봉산(五峯山)은 서남쪽 방향에 있다. 산의 남쪽이 바로
창려(昌黎)라고 이른다.[19] 민가에서 묵었다. 이날은 100리를 행
진했다.

❀ 무인일(戊寅)

이른 아침에 노봉구(蘆峯口)의 배음포(背陰鋪)를 지나서, 확
망보(霍望堡)에서 아침을 먹었다. 저녁에는 영평부(永平府)에서
묵었다. 한씨 성을 한 가게 주인이 이르기를,

"나는 한유(韓愈)의 17세손입니다."

라고 했다. 말투가 심히 망녕스러웠다. 야밤에 문답을 나눴는데,
주인이 말하기를,

"사천성(四川)의 노경왕(老耿王)은 이미 죽었고, 소경왕(小耿)
이 새로 그 지역을 지키고 있답니다.[20] 운귀성은 오왕(吳王)이

. . . .

19) 창려(昌黎)는 당송 팔대가의 한 사람인 한유(韓愈, 768~824)의 호이기도
하다. 한유는 『창려선생집(昌黎先生集)』 41권과 『외집(外集)』 등을 남겼다.

20) 여러 정황상 노경왕(老耿王)은 사천성에 파견되었던 경중명(耿仲明)을, 소경
왕(小耿)은 그의 아들인 경계무(耿繼茂)를 지칭하는 표현임에 분명해 보인다.
1649년(순치 6)에 경중명은 정남왕(靖南王)에 봉해져 사천성에 파견되었으나,
당해에 사망하자 아들인 계무가 그 뒤를 잇게 된다. 정남왕으로 봉해진

진수(鎭守)하고 있는데, 오왕이란 바로 삼계(三桂)를 말합니다."

라 했다. 이어서 내가 질문하기를,

  "노소경(老小耿)은 누구를 이르는 말입니까?"

라고 했다. 주인의 대답 속에는 그들의 이름이 제대로 분간되지 못하고 있었다. 내가 또 묻기를,

  "복건성은 누가 진수합니까?"

  "현재는 진수하는 자가 없습니다."

라 한다. 다시 희봉사(喜峯事)에 대한 질문을 하니, 처음에는 이르기를,

  "여태껏 듣지를 못했네요!"

라 했다. 누차 질문을 하자, 하는 수 없이 말하기를,

  "사실 그런 일이 있기는 했었지요!"

라고 답했다. 가만히 그이를 살펴보니, 말투나 외양이 정성스럽고 신중해 보이지를 않는데다가, 또한 요구하는 것이 너무나 많아서, 말한 바를 다 신뢰할 수가 없었다. 이날은 70리를 행진했다.

. . . .

경계무는 처음에는 광동(廣東) 지역으로 들어가 평정을 담당했다. 1660년(순치 17)에 대만의 정성공(鄭成功)이 복건을 공격하자 청조는 경계무를 이동시켜서 복주(福州)에 머물도록 명하였다. 이에 경계무는 복주에서 남명정권(南明政權)을 세웠던 당왕(唐王)을 축출하고, 그곳에 주둔하여 치안을 담당하게 된다. 경계무는 오삼계(吳三桂)·상가희(尚可喜)와 더불어 이른바 삼번(三藩)으로 칭해진 인물이다.

🌸 기묘일(己卯)

뒤늦게 바람이 불었다. 청수하(淸水河)를 건너니 노변에 이광(李廣)의 비석이 보였다. 다시 난하(灤河)를 건너서 이제묘(夷齊廟)에 들어섰다. 사당은 높은 담장이 사방으로 휘둘러졌고, 그 정문에는 고죽성(孤竹城)이라는 표지가 붙어 있다. 신 등은 복장을 갖추고 사당에 들어 배알했는데, 사당 안에는 진흙으로 다져 만든 두 조각상(塑像)이 잘 보전되고 있었다. 사당은 당대(唐)에 와서 처음 세워졌고, 명 태조인 홍무(洪武) 9년(1376) 연간에 중창되었으며, 성화제(成化) 대에 사액 명을 청절(淸節)로 하는 편액을 달았다. 그 중문에는 "완악한 지아비를 청렴하게 하고, 나약한 지아비는 입지를 갖게 한다(廉頑立懦)."라는[21] 문구가 씌어져 있다. 당(堂)은 읍손(揖遜)으로, 누각은 소청(遡淸)으로 이름했으며, 누대는 청풍(淸風)으로 불렸는데, 청풍대는 사당의 뒤쪽에 위치했다.

난하는 두 강물이 합류하여, 그 하류의 두 언덕 사이에서 모이는데, 언덕은 온통 돌로 된 절벽이다. 두 강이 교차하는 지점에 있는 섬 또한 아래에서 정상까지가 모두 돌들로 이뤄졌다. 그

----

21) 『맹자(孟子)』, 「만장장구(萬章章句)」(下)에는 "그러므로 백이(伯夷)의 풍도(風度)를 들은 자들은 완악한 지아비가 청렴해지고, 나약한 지아비가 입지(立志)를 갖게 된다(故 聞伯夷之風度者, 頑夫廉, 懦夫有立志)."라는 구절이 보인다.

섬의 정상에는 고죽군(孤竹君)의 사당이 있다. 영평 땅은 산수가 훤하고 아름다워서, 비록 우리 동방이라 할지라도 그 최승(最勝)의 이제묘와는 비할 데가 드물다.

아침을 야계타(野鷄坨)에서 먹고, 저녁에는 사하역(沙河驛)에 유숙했다. 주인의 성은 강씨로 수재(秀才)로 불렸다.[22] 야밤에 주인과 대화를 나눴다. 먼저 내가 물었다.

"이 지역의 가을 작황은 어떻습니까?"

"반 타작 수준입니다."

라 답했다. 나는 또 질문했다.

"13성도 사정은 마찬가지인가요?"

"외성(外城)은 대부분 수재(水災)를 당했습니다."

라고 했다. 내가 묻기를,

"어느 지역이 가장 심각합니까?"

"산동성이 제일 심합니다."

내용을 바꿔서 또 질문했다.

"운귀·양광(兩廣)·복건·사천성 등지는 어떤 사람이 진수합니까?"

"잘 모릅니다."

인하여 또 물으니 말하기를,

---

22) 수재(秀才)는 향시(鄕試)에 응할 자격을 갖춘 부(府)·주(州)·현(縣)의 생원(生員)을 가리킨다.

"대략 모두들 태평성대(太平境)를 누리고 있답니다."

라고 한다. 내가 질문하기를,

"오령(五嶺)23) 외 지역은 모두 청관(清官)들입니까?, 한관(漢官)들도 함께 진수하고 있나요?"

"청냉(清冷)한 관아는 대부분 한인들이며, 혹여 재력이 있는 자들 중에는 만주에서 거주하는 자도 많습니다."

내가 묻기를,

"듣자 하니 지난번에 몽골이 희봉과 요동 등지를 침범했다고들 하는데, 이 소문이 사실입니까?"

"희봉은 여기서 그리 먼 곳은 아닌데, 아직 그런 소문을 전혀 듣지를 못했습니다."

라 했다. 내가 질문하기를,

"13성에는 도적질이나 절취(竊發)를 당하는 화난은 전혀 없습니까?"

"지금껏 들어 보질 못했습니다."

내가 거듭 질문을 하자, 그때서야 말하기를,

"그런 일들이 있긴 했었지요!"

라고 답했다. 이어서 묻기를,

"어느 방면이 가장 심각한가요?"

---

23) 오령(五嶺)은 중국 남쪽에 있는 다섯 재인 대유령(大庾嶺)·시안령(始安嶺)·임하령(臨賀嶺)·계양령(桂陽嶺)·양양령(揚陽嶺)을 의미한다.

"그야 몽골 지역이 제일 골칫거리죠."

라 했다. 재삼 질문하기를,

"모족(貓)24)이 범경한 일은 없었습니까?"

"아직 변경을 침범했다는 소문은 듣지를 못했습니다. 다만 보상을 요구한다는 소문은 들리더군요."

라 했다. 곧 바로 또 말하기를,

"사천성 이하 사부(四府)의 생민들은 가진 거라고는 하나도 없는 상태입니다."

라 했다. 내가 묻기를,

"무슨 연유로 보존한 것이 없을까요?"

주인이 답하기를,

"황상(皇上)이 그 수도(水盜)와 직접 통하기를 요구했을 정도입니다."

내가 묻기를,

"수도란 누구를 말합니까?"

"정굉공(鄭宏公)입니다."25)

. . . .

24) 질의된 모족은 중국 서남지역의 소수민족인 묘족(苗族)·요족(瑤族)·이족(彛族) 중에서 묘족을 지칭한 표현인 듯하다. 후일에 묘족은 소수민족 중에서 대표적인 일련의 봉기를 유발하기에 이른다.

25) 운위된 정굉공(鄭宏公)은 대만(臺灣)을 거점으로 삼은 가운데, 23년간에 걸쳐서 항청(抗淸) 할거를 진행시켰던 정성공(鄭成功)·정경(鄭經) 부자를 오칭한 표현일 것으로 판단된다.

이에 내가 묻기를,

"당시 정굉공은 어느 지역에서 활동했나요?"

"이미 지난 일은 잘 모릅니다."

내가 묻기를,

"사천성 이하 사부민에 대한 피살은 어느 해에 자행되었습니까?"

"지난 5년 가을이었지요!"

다시 질문하기를,

"정씨라는 수도는 항상 해중(海中)에 주둔해 있고,[26] 사천과 그곳은 대단히 먼 거리인데, 무슨 방법으로 서로 통할 수 있었을까요?"

"어찌 가깝고 먼 정도를 따질 수 있겠습니까?"

달리 묻기를,

"소문에 의하면 대신 집정자들 중의 대부분이 한민(漢民)의 전답을 강탈해서 만인(滿人)에게 분배한다는 이야기도 있던데, 사실입니까?"

주인이 답하기를,

"지난해 정월 16일까지는 영평부의 모든 관아의 만주족 비율은 십 중에 일이 할 정도였답니다."

---

26) 해중(海中)은 대만(臺灣)을 뜻한다.

이에 내가 묻기를,

"지금은 십 중에 팔구 할을 만주족에게 수여한 나머지, 한민은 불과 일이 할만을 차지하고 있다는 말인가요?"

"바로 그렇습니다."

내가 묻기를,

"어찌 인주(人主)로서 이따위 정령을 시행한단 말입니까?"

주인이 답하기를,

"다만 듣기로는 양황기(兩黃旗)가 점령한 이래로, 이와 같은 상황에 처했다고들 하더군요."

"도대체 양황기가 무슨 뜻입니까?"[27]

라 되물었으나, 수긍할 만한 명쾌한 설명은 없었다. 내가 다시 질문하기를,

"황제가 친정(親政)한 이후로 민심의 동향은 어떠한가요?"[28]

"매우 좋습니다."

....

27) 1615년에 누르하치는 휘하 부족을 대규모 군사조직인 팔기(八旗)로 편성하여, 새로운 지휘체계의 확립을 시도하였다 그 중에서 양황기(兩黃旗)는 기존의 정황기(正黃旗)와 새로 조직된 4기 중 양황기(鑲黃旗)를 합친 의미로서, 당초 순치제가 기주(旗主)였다.

28) 무신년 봉사단이 사행에 나섰던 1668년(현종 9)은 청조의 강희제(康熙帝)가 즉위 7년째를 맞는 시점이었다. 애초 겨우 8세의 어린 나이에 등극했던 강희제는 오보이(Oboi, 鰲拜)를 포함한 4대신의 보정(輔政)에 의한 통치를 수행할 수밖에 없었다. 그러나 그 다음해인 1669년에 이르러 15세의 강희제는 오배를 제거하는 데 성공함으로써, 궁정 내부를 장악하는 친정기(親政期) 체제를 맞이하게 된다.

라고 한다. 재차 물으니, 주인이 답변하기를,

"황제께서는 훌륭한 점이 너무나 많은 분이십니다."

라고 했다. 내가 또 묻기를,

"듣자 하니 명의 후예들 중에는 서방(西方) 오랑캐 땅에 사는 자도 있다던데, 실제 이런 말들이 떠돌고 있습니까? 그리고 순치제(順治)의 장자 또한 서달(西獐)에 있어서, 항시 쟁단의 여지를 안고 있다는 소문 또한 사실인가요?"

그가 답하기를,

"명의 후예 중에서, 선황(先皇)의 아들과 관련한 이런 소문은 아직 듣지를 못했습니다."

라 했다.

내가 주인과 문답을 나눴던 내용은 이와 같다. 그 사람은 그래도 제법 신실해 보였기 때문에, 들은 그대로를 기록해 둔다. 다만 노변에 거주하는 이런 부류들의 경우, 조선 봉사단(東使)들을 많이 겪어 보았던 까닭에, 눈치 수작에도 익숙할 뿐만 아니라 상대의 의향을 살펴서 순구편설(順口便說)하며, 혹은 헐어 말하고 혹은 찬양하는(抑揚) 등의 기색이 뚜렷했음을 보아 왔기에 말한 바를 반드시 다 믿을 수는 없다. 이날은 70리를 행진했다.

🕸 경진일(庚辰)

동이 채 밝기도 전에 청량산(淸凉山) 칠가령(七家嶺)과 신점(新店) 왕가점(王家店), 망우교(忙牛橋)를 지났다. 진자점(榛子店)에서 아침을 먹었는데, 어떤 피로인(被虜) 두 부인이 찾아와서 만났다. 이들 스스로 말하기를,

"한 집은 한양(京都), 또 한 집은 개성(開城) 출신입니다. 지금은 가까운 마을에서 함께 살면서 장두(庄頭)로 사역하면서 지냅니다."

라 했다. 각기 물품을 증여했다.

철성감(鐵城坎) 판교(板橋)를 지나서, 저녁에는 풍윤현(豊潤縣)에서 묵었다. 주인의 성은 왕씨로 수재로 일컬어졌다. 밤에 그와 대화하면서 질문하기를,

"내외의 관직을 제배(除拜)할 적에 공사(公私)의 기준이 적용되나요?"

왕수재가 답하기를,

"후혜(厚惠)가 있으면 자리를 챙기고, 없으면 그만입니다."

라 했다. 나는 물었다.

"후혜라뇨? 무슨 뜻입니까?"

"돈일 따름이지요!"

라고 했다. 내가 또 묻기를,

"듣자 하니 대부분의 죄인들을 심양과 영고탑으로 이송시킨다
고들 하던데, 이 말이 사실입니까?"

"그렇소!"

라 했다. 내가 질문하기를,

"영고탑과 북경과의 거리는 몇 리나 될까요?"

"수천 리는 될 겁니다."

라 했다. 내가 묻기를,

"여기서 만주와 영고탑 중에서, 어느 지역이 더 멉니까?"

"그야 영고탑이 훨씬 더 멀지요!"

라 했다. 또 질문하기를,

"만주와 심양과의 거리는 몇 리나 될까요?"

"한 달 남짓해야 겨우 도착할 겁니다."

라 했다. 달리 질문하기를,

"재상이 매관(賣官)을 하면, 그 관리는 반드시 백성을 못살게
굴 것인데, 어찌 감당할 도리가 없는 백성들이 결국 반란을 일으키
지 않겠습니까?"

"작금에는 호걸이 일개 소민(小民)에서 나오는 법이 없고, 오직
뇌물을 받을 뿐이지요!"

라고 대답했다. 이날은 90리를 행진했다.

신사일(辛巳)

이른 아침에 환향하(還鄕河)를 건넜다. 환향하는 풍윤현의 성 서문 밖에 위치했는데, 일명 경수(涇水)로도 불린다. 고려보(高麗堡)를 지나서 사류하(沙流河)에 이르러서 아침을 먹었다. 저녁에 옥전현(玉田縣)에 도착했다. 주인의 성은 손씨였는데, 스스로 말하기를,

"절강인(浙江人) 출신입니다."

라고 했다. 지금 현리(縣吏)가 된 지 수일이 지난 이가 아역으로 와서, 사행(使行) 일정의 조만 등과 같은 갖가지 일을 조절하기도 하고, 문득 지휘하는 잔꾀를 내놓기도 했다. 또한 그는 연흉을 핑계 삼아서 도중에 겁탈이 빈번하므로, 당국(淸)이 자의적인 행진을 달가워하지 않는다고도 했다. 이에 내가 주인에게 겁적의 출현 여부를 물었더니, 손씨는 크게 웃으면서 말하기를,

"이 일대는 민가가 촘촘히 들어서 있고, 행려객들의 발길이 끊이지를 않을 뿐더러, 농사도 그다지 심각한 흉년을 겪지도 않았기 때문에, 지금껏 그런 일들은 들어 보지도 못했답니다. 하물며 갑졸까지 수행하는데, 어찌 다른 걱정거리가 있겠습니까?"

라고 반문했다. 저런 따위의 거짓농간에는 신경을 쓸 필요조차도 없다. 이날은 70리를 행진했다.

🌸 임오일(壬午)

아침 일찍이 채정교(采亭橋)를 지났다. 『지지』에는 이르기를,

"채정교는 옥전현 서쪽 20리에 위치한다. 쪽빛 강 위에 걸쳐
앉았다."

라고 했다. 또 고수산(枯樹山) 봉산점(蜂山店)을 지나서, 아침은
나산점(螺山店)에서 먹었다. 나산점의 북쪽을 가리키며 나산으로
칭하기에, 『지지』를 상고해 보니,

"나산은 계주(薊) 남쪽 5리에 위치한다."

라고 적혀 있었다. 지금 이 나산점은 계주와 30여 리나 떨어져
있거늘, 어찌 나산의 반경(蟠踞)이 커서 그러했겠는가?

다시 계주(薊州)에 미치기 1리 직전 지역인 별산점(別山店)
신선령(神仙嶺)을 지났다. 그곳에 위치한 교각인 곧 이른바 어양
교(漁陽橋)는, 이 이름으로 서로 구전되어 온 지가 이미 오래된
듯하다. 어양교 옆에는 비석이 세워져 있다. 내가 가서 살펴보니
비문에는,

"교량 명은 영제(永濟)이며, 하천은 고수(沽水)로 부른다. 만력
연간에 공부주사(工部主事) 하징(夏澄)이 처음 건립했다."

라고 새겨져 있었다. 다리의 옛날 이름은 언급하지 않았으나,
지금 이름인 어양교는 아마 또한 잘못 전해진 채로 호칭된 오류가
아닐까 한다.

계주성으로 접어드니 성 안에는 와불사(臥佛寺)가 있었다. 사
찰의 본래 이름은 독락(獨樂)이었다. 『지지』에는 이르기를,

"원대(元時)에 처음 창건되었다."

라고 했는데, 사찰 안에는 요대(遼時)의 비가 있었다. 또 관음상으
로 일컬어지는 소조불(塑佛)이 있는데, 그 높이가 89척이나 된다.
상호(頭)가 사찰의 용마루에 다다랐고, 보살의 어깨 부위는 중각
(重閣)으로 둘러싸여 있었다. 그 관음상의 어깨 윗부위가 중각의
지붕 위로 솟구친 것이, 족히 20여 척은 될 듯하다. 길쭉한 보살상
의 오른쪽 어깨에 맞닿은 그 중각의 위가 감실(龕)²⁹⁾이다.

감실 안에는 흡사 거인과도 같은 소불 한 구가 있는데, 가만히
눈을 감은 채로 팔다리를 드리우고 누운, 그 어슴푸레한 모습이
심히 이채로웠다. 『지지』에 이르기를,

"한대에 어양 태수(太守)를 역임했던 장감(張堪)의 묘가 성의
서북 모퉁이에 자리하고 있다. 또 공동산(崆峒山)은 계주성의
동북 5리 지점에 위치해 있는데, 예로부터 '황제가 이 산에서
도(道)를 물었다.'라고 전해져 왔다."

라고 적혀 있었다. 지금 공동산의 정상에는 부군묘(府君廟)가

---

29) 감실(龕室)은 불보살의 상(像)을 안치하여 향을 사르며 공양하는 공간을
    말한다. 『지장본원경(地藏本願經)』에 의하면, 대개 "남쪽 방위의 청결한 공
    간"이 권유되고 있다(『제11 지신호법품(地神護法品)』 : "世尊, 我觀, 未來及
    現在衆生, 於所住處, 於南方淸潔之地, 以土石竹木, 作其龕室 是中 能塑畫, 乃至
    金銀銅鐵, 作地藏形像, 燒香供養, 瞻禮讚嘆, 是人居處, 得十種利益").

있다. 내가 인근의 거주민들에게 물으니,

"장감의 묘는 이미 그 터를 유실해 버렸다."

라 하고, 또 공동산은 알지도 못했다. 그런데도 다만 산 정상에 부군묘가 있는 줄로 알아서, 그 산을 부군산으로 칭하니,[30] 실제 산은 계주성 동북 5리에 위치해 있다. 『지지』라는 것을 과연 믿을 수나 있겠는가? 변두리 풍속의 몽매한 정도가 이와 같으니, 이른 바 "시속에 떨어져 옛것(故)[고명]을 따르지 않으며, 유전되어 그 본모습(眞)을 잃어버렸다."라고 하는 경우다. 이날은 80리를 행진했다.

☞ 계미일(癸未)

바람이 분다. 해뜰 무렵에 길에서 노새 여덟 마리가 끄는 큰 수레 가마(車駕)를 목격했다. 그 굴러가는 모습이 무척 굳세 보였는데, 모두 여러 무리들이었다.

방균점(邦均店)에서 아침을 먹고, 백란점(白瀾店)을 지나치는데, 길 옆에 비구니 사원이 보였다. 정려한 정원수 여러 그루가 있었다. 그 중 몸통은 모과나무와 비슷하고 잎은 소나무를 닮았으되, 다만 길이가 짧고 두터운 나무가 있었다. 이 나무는 또한 구멍은 하나고 수염이 셋이며, 그 열매는 해송(海松)보다 조금

---

30) 원래 부군(府君)은 한대(漢代)에 태수의 존칭으로 사용되었던 호칭이다.

작았으며, 그 맛은 텁텁한 탁주와 유사했다. 이를 역관배들은 남경송(南京松)으로 칭했으나, 유독 김시징만이 말하기를,

"일찍이 나무를 잘 아는 자로부터 들으니, 이 나무는 금전송(金錢松)이라고 합디다."

라고 주장했으나, 또한 마땅히 질의할 데가 없었다.

공락점(公樂店) 단가령(段家嶺)을 지나서 강 하나를 건너는데, 조금 큰 것과 중간치 정도의 배 사이에 작은 배 네댓 척이 떠 있었다. 또한 초교(草橋)가 강을 걸치고 있어서 다리를 타고 강을 건넜다. 사람들 간에 서로 전해져 내려오기를,

"이 강은 호침하(滹沈河)다."

라고 했다. 『지지』에 기록되어 있기로는,

"호침하는 진정성(眞定城) 남쪽에 위치해 있다."

라고 했으니, 이 경우 또한 전설(傳說)의 오류임을 알겠다.

저녁 무렵에 삼하(三河)에 이르러 강하의 명칭을 수소문했다. 어떤 사람이 이르기를,

"이 강은 구하(泃河)입니다."

라고 했다. 『지지』에서 또한 말하기를,

"구하는 삼하현(三河縣) 북쪽에 위치해 있고, 한수(漢)가 구현(泃縣)에 임해 있다."

라고 하니, 그 자의 말이 사실인 듯하다. 이날은 70리를 행진했다.

갑신일(甲申)

해뜰 무렵 즈음에 조림(棗林)을 지나서, 아침은 하점(夏店)에서 먹었다. 연교포(烟郊鋪)를 지나서 저녁에는 일명 노하(潞河)로도 불리는 백하(白河)를 건넜다. 또한 백하는 추자(搥子)로도 불리는 데, 통주성(通州城) 동쪽 방향에 위치해 있다. 겨울에 물이 강으로 흘러들면 두 팔뚝 같은 물길을 이루는데, 앞강은 얼음을 타고 건너고 뒷강은 배들을 연이어서 부량(浮梁)을 만들어 건너곤 한다. 강 언덕 위에 재목을 쌓아둔 모습이 마치 산하와도 같다.

배 안에는 노들이 또한 많이 실려 있는데, 왕왕 선박을 꽉 채워서 언덕에 기대 놓은 것도 있었다. 계주 선박으로 일컬어지는 배 하나에 올라서 바라보니, 배 위의 판자때기 가옥에 채색을 아로새겨 둔 모습이 참으로 교묘했다. 모두 6, 7척의 배들이 함께 통주읍으로 들었다. 심히 웅장한 가옥들과 거리를 가득 메운 왕래 인파들이란, 조선의 그것과는 비교할 수 없으리 만큼 성대한 정경이었다. 이날은 80리를 행진했다.

을유일(乙酉) : 1668년 12월 20일

해뜰 무렵에 영통교(永通橋)를 지났다. 『지지』에 이르기를,
"영통교는 통주 서쪽 6리에 위치한다."
라고 했다. 팔리보(八里堡)에서 아침을 먹고, 조양문(朝陽門) 외

곽에 당도하였다.

동악묘(東岳廟)에 들어서 복장을 바꿔 입고 나아갔다. 장엄하고도 수려한 동우(棟宇)란 일찍이 접해 보지 못한 정경이었고, 정원의 좌우에 줄지어 늘어선 여러 풍비(豊碑)들 중에는, 명인(明人)에 의해 새겨진 우집(虞集)의 팔분체(八分)[31]와 조맹부(趙孟頫)의 해서체(楷書)가 있어서 일(少) 가관이었다. 아역 윤·손·신·김 등이 성 밖에 나갔다가 아직 소식이 없다.

신 등은 관복을 갖춰서 입고 승마하여 조양문 편으로부터 들어서 8, 9여 리를 나가다가, 옥하교(玉河橋)를 건너서 회동관(會同館)에 도착했다. 통관(通官) 등이 모여서 기다리고 있었으며, 제독(提督) 이일선(李一善) 또한 미리 도착해 있었다. 이일선이 말하기를,

"내일 응당 표문과 자문(表咨文)을 예부(禮部)에 바치시오!"[32]

....

31) 우집(虞集)은 원(元) 초기의 문학자로 자는 백생(伯生), 호는 도원(道園)이었다. 저서에 『도원학고록(道園學古錄)』 50권이 있다. 팔분체(八分體)는 예서(隸書)와 전자(篆字)를 절충한 서체다. 예서에서 이분(二分)을, 전자에서 팔분(八分)을 땄기 때문이라는 설과, 혹은 그 서체가 팔자(八字)를 분산한 것과 같기 때문이라는 양 설이 존재한다.

32) 표문(表文)은 대(對)황제 문서로서, 사행의 명칭은 바로 이 표문의 종류에 따라 결정되었다. 표문은 사안별로 하표(賀表)·방물표(方物表)·사은표(謝恩表)·진하표(進賀表)·진위표(陳慰表)·고부표(告訃表)로 분류된다. 가령 하표의 경우 성절하표(聖節賀表)는 성절사행(聖節使行), 동지하표(冬至賀表)는 동지사행(冬至使行) 등과 같이 사행명은 표문의 종류에 따라 결정

라고 하고는, 먼저 정문(呈文)을 수취해 갔다. 이날은 40리를
행진했다.

🌀 병술일(丙戌)

이른 아침에 복장을 갖춰서 예부를 예방하여 표문과 자문을
바쳤다. 예부의 관리들이 좌우로 나눠 서 있고, 삼사(三使)는 동시
에 무릎을 꿇어서 표문과 자문을 전했다. 이날 예부에서는 원일
(元日) 대조(大朝)를 위한 희악(戲樂)을 베풀었다. 통관이 신 등에
게 머물러서 관람할 것을 권유하였으나, 굳이 사양하여 거절하고
는 곧장 회동관으로 되돌아왔다. 듣자 하니 몽골 사신들은 가서
희극을 관람했다고들 했다.

🌀 정해일(丁亥)

밤에는 가는 눈발이 휘날렸다. 통관 등이 말하기를,

"올해는 흉년이 들어 도적질이 심하니, 미납한 방물에 행여
다른 걱정거리라도 생길까 봐 두려우니, 갑군을 관내에 들게 하여
밤새 순찰하도록 하겠소!"

· · · · · · · · · · · · · ·

되었다. 한편 실질적인 외교 목적인 내포된 자문(咨文)은 대관아(對官衙)
문서다. 해당 관아의 부서는 의제사(儀制司)였고, 예부는 외국 사절단들의
행사 일정을 통보해 주는 역할 등을 수행했다.

라고 전했다. 이에 신 등은

"우리 스스로 마땅히 엄히 지켜 막아서, 얼씬도 못하게 하리
다!"

라며 극구 사양했으나, 전규에는 없는 일이라고 한다. 누차 사정
했으나 거듭 거절을 당한 끝에, 할 수 없이 그만두었다.

🌸 기축일(己丑)

날이 개었다. 회동관에 머무른 통관배들이 말하기를,

"내일이면 마땅히 방물과 세폐를 필납해야만 합니다."

라고 전해 왔다.

🌸 경인일(庚寅)

역관 장현 이하 등이 방물과 세폐를 홍의각(弘義閣)에 가서
필납하고 돌아와 말하기를,

"초팔일에 문득 들으니, '황제가 장차 무영전(武英殿)으로 갈
것이다.'라고 해서, 그곳을 지나가 보았습니다. 역관 등이 조금
피해서 선 채로 기다리고 있었고, 잠시 동안 평상복 차림으로
말을 탄 황제를 보았는데, 칼을 찬 수십 인이 황제의 걸음을 뒤따
르고 있었습니다."

라고 하였다. 잠시 후에 다시 돌아오려는데 통관배들이 말하기를,

"태화전(太和殿)이 낮고 비좁아서, 명년 정월이면 리모델링 공사(改搆)를 해서 확장할 것이며, 장차 어전을 무영전으로 옮길 예정이어서, 황제께서도 스스로 가서 살펴보곤 합니다."
라고 했다. 또 전언하기를,

"황제는 매일 두 번씩 청정(聽政)할 뿐만 아니라 조회를 나눠서 늦게까지 보며, 오늘도 또한 태화전에서 어거하고 있다."
라고도 했다.

임진일(壬辰)

흐린 날씨에 밤새도록 눈을 뿌렸다. 이일선이 와서 말하기를,

"내일부터 당장 홍려시(鴻臚寺)33)에서 정조(正朝)에 대비한 의례 연습을 하도록 하고, 우선 오늘은 마땅히 회동관 안에서 예습을 하시오!"
라고 했다. 그의 지시에 따라, 복장을 갖추고 마당에 나가서 원역(員役)들을 이끌고 북향(北向) 삼배와 구고두를 취하게 했다. 이일선은 또한 원역 등이 취할 예에 대해서도, 결코 연습을 등한히 하지 않았다. 재연을 시키는 동안에 신 등은 선 채로 지켜만 보았다.

---

33) 외교와 조공 일 등을 관장하던 부서로서, 외국 사신들에 대한 접대를 관장하였다. 그 수장은 홍려시경(鴻臚寺卿)이었다.

계사일(癸巳)

구름이 낀 가운데 가는 눈발이 흩날렸다. 아침 일찍 홍려시를 예방하는 도중에, 길에서 기르는 코끼리(馴象) 네 마리를 보았다. 울쑥불쑥한 것이 크기는 대여섯 사람이 탈 만했고, 그 등질은 마치 집이 놓인 듯했다. 등골 위에 난 코는 땅까지 드리워졌으며, 어금니 길이는 육칠 척이나 되는 것이 흡사 커다란 서까래와도 같았다.

홍려시에 도착하여 어제처럼 의식을 연습했다. 통관이 말하기를,

"탕약망(湯若望) 문도들이 양광선(陽光先)이 범한 역법(曆法) 상의 오류를 송사했답니다. 어제 있었던 상호 간의 조정변론에서도 역관(曆官)의 말이 궁색하여, 장차 양광선은 죄를 입을 것 같습니다. 명년부터는 다시 탕약망의 신역법이 채택될 듯도 한데, 탕약망이 옥사한 지도 이미 6, 7년이 지났지만, 그가 피척을 당한 억울함이 많이 거론되고 있다고들 합니다."[34]

---

34) 대화문 속의 내용은 청초에 개진된 저 유명한 역법논쟁(曆法論爭)을 압축한 내용에 해당한다. 탕약망((湯若望)은 독일 출신의 선교사인 아담 샬(Adam Schall)을 지칭하며, 서광계(徐光啓)·이지조(李之藻) 등의 문도들이 탕약 망의 신역법, 곧 시헌력(時憲曆)의 채택을 지지하였다. 반면에 양광선 이하 위문괴(魏文魁)·오명훤(吳明烜) 등의 구법파(舊法派)들은 신역파(新曆派)들의 주장에 반대하였으며, 이로부터 근 20여 년에 걸쳐 지속된 역법논쟁의 대단원이 전개되었다.

라고 했다.

☙ 갑자일(甲子)

이른 아침에 광록관(光祿官)이 세식(歲食)을 보내왔다. 모두
다섯 상(盤)이었는데, 상마다 각각 43 기물(器)이 딸렸다. 그
중에 세 상은 삼사에게 보내졌고, 두 상은 원역들에게 보낸 것이었
다. 구례대로라면 광록시(光祿寺)[35]에서는 응당 거군(巨軍)에
게도 세식을 보냈어야 마땅했다. 광록관이 말하기를,

"황제께서 직접 하사하신 음식입니다."
라고 했다.

☙ 己酉年(1669) 정월 1일(乙酉)

오경 무렵에 복장을 갖추고 동장안문(東長安門) 외곽에 이르러
말에서 내렸다. 좌측 협문으로부터 문루(門樓)로 들었다. 기둥과
대들보 및 서까래는 모두 동석(鍊石)으로 만들어졌다. 지난 명나
라 때에 이 문은 누차 화재를 입었던 연유로, 석재로써 목재를
대체하게 되었다고 한다.

금수교(金水橋)를 지나서 천안문의 우측 협문으로부터 들어갔

---

35) 중국의 북제(北齊)·당(唐)나라 이후에 각종 제사나 조회(朝會) 등을 관장
했던 관청이다. 그 수장은 광록시경(光祿寺卿)이다.

다. 정문인 단문(端門)의 우측 협문을 지나 오문(午門) 외곽에 나아가서, 서쪽 곁채의 아래인 대정(大庭)의 중앙에 좌정했다. 그 대정의 서편이 사직(社稷)이고 동쪽 곁채의 동편이 태묘(太廟)였다. 조의에 참석한 자들은 좌우 두 반으로 나누었는데, 신 등은 서반(西班)에 나아가서 대기했다.

해가 뜰 무렵에 황제가 황옥교(黃屋轎)를 타고 나타났다. 오문에서 가마에 오른 자들이 전후로 각 8인이었는데, 모두 붉은 비단옷 차림에 표범 꼬리 장식을 했다. 선두에서는 그 장마(仗馬)들이 인도하였고, 또한 앞쪽에 있는 5, 6인은 황제를 마주 대하고 있었다. 검은 관을 쓰고 현복(玄)을 입은 제왕 대신(貴臣)들 및 좌우의 수행자들이 도합 육칠백여 명에 달했다. 이들은 화려하고도 아름다운 갖옷을 입고 있었다. 오문 밖에서는 말을 탄 자들이 뒤쫓거니 하는 통에 정연한 행렬을 이루지를 못했다.

들자 하니 황제는 곧 등(鄧) 장군의 제당(祭堂)에 분향하러 갈 예정이라고 한다.[36] 내가 질문하기를,

"장군이 어떤 신(神)이길래, 천자가 먼저 종묘를 배알하지 않고 등 장군 사당부터 참배하는 겁니까?"

라 했다. 이에 답하기를,

···············

36) 등 장군은 명대의 장군이었던 등좌(鄧佐)를 지칭한다. 후일 등좌는 민간에서 마마 신(痘神)으로 변신하면서, 기존의 석가모니불·관세음보살·관우(關聖帝君)와 함께 신위를 모신 사당격인 당자(堂子)에도 안치된다.

"등 장군은 황제의 먼 조상(遠祖)입니다."

라고 한다. 황제는 일출 무렵에 환궁을 했다. 행렬을 나눈 의장대
가 북을 두드려 음악을 연주하며 선두에서 이끌었다. 사뭇 출궁할
때의 간솔했던 의식과는 달랐다. 노부(鹵簿)[37]가 오문 밖에 이르
자, 행렬을 좌우로 나눠서 섰다. 그 의식이 심히 엄숙하여 한
치의 착오도 없었으나, 뒤따라 말을 탄 자들이 뒤쫓거니 하는
모습은 앞서 출궁할 때와 마찬가지였다. 황제가 출궁과 환궁을
하는 동안에, 동반과 서반은 다만 내도록 장궤(長跪)를 취하고
있었을 따름이다.

신 등이 앉은 자리로부터 조금 가까이에는 한 부류의 호인들이
모여서 좌정하고 있었는데, 그 모습이 심히 비루했다. 게다가
괴이하게 쓴 관과 옷차림새란 흡사 청나라 사람들을 방불하며,
두건 끝자락에 갖옷으로 가선을 취한 양식 또한 무척 달라 보였다.
그 윗자리에 좌정한 자들의 모습은 꼭 서양인을 닮았는데, 모직
갖옷으로 가를 두른 의복이 심히 조밀해 보였다. 이에 내가 묻기
를,

"저 자들은 어느 나라 사람들입니까?"

라고 했다. 조심스레 답하기를,

"저들은 몽골별종(蒙古別種)으로서, 북해(北海) 변에 위치하

---

37) 노부(鹵簿)는 천자가 거동할 때의 행렬을 뜻한다.

고 있습니다."[38]

라고 한다. 혹은 이르기를,

"서북쪽의 극히 먼 바닷가에 위치하고 있는데, 서양과 가깝습니다."

라고도 했다. 또 조심스럽게 이르기를,

"그 나라와 북경까지의 거리가 약 7천 리여서, 지난해 7월에 조국을 떠나서 이제 막 북경에 당도했답니다."

라 했다. 원래 언어도 소통되지 않는데다가, 질문한 내용들도 제각기 달랐던 탓에, 그 나라의 토속이며 내반(內班)에 나아가게 된 경위 등을 다 알 수는 없었다. 이 사람들의 자리는 신 등의 바로 아래여서, 비리고 누린내를 풍겨서 절로 코를 움켜잡게 하여 근접하기조차 어려웠다. 역관들도 또한 말하기를,

"저들은 바지도 없이, 다만 상의만으로 하체를 덮어 가렸습니다."

라고 했다.

오문 위에는 오봉루(五鳳樓)로 불리는 다섯 누각이 있다. 얼마 후에 통관들이 신 등을 인솔해서 반(班)을 따라 입장하게 했다.

----

38) 몽골별종(蒙古別種)은 아라사(俄羅斯) 사절단의 일원으로서, 코가 큰 오랑캐라는 의미에서 대비달자(大鼻㺚子)로도 불렸다. 달자라는 호칭은 이들이 여성을 겁탈하며 사납고 큰 개를 데리고 사는 야만인이라는 의미를 내포하고 있다.

제왕(諸王)들은 오문의 좌우 협문으로 드나들며 황제 가까이서 시중을 들었다. 그 나머지인 동반(東班)은 좌측 액문(掖門)으로부터 들었고, 서반은 우측 액문을 따라 들어갔다. 신 등은 또한 오른쪽으로부터 들어서 다리 하나를 지나니, 그 북쪽 정중앙이 곧 태화문(太和門)이었고, 그 오른편이 정도문(貞度門)이었다. 신 등은 정도문으로부터 입장해서 내정(內庭) 오른편의 정전(正殿)에 나아갔다. 정전은 곧 옛날의 황극전(皇極殿)으로 지금은 태화폐(太和陛)로 개명을 했다. 무릇 세 계단인데 모두 돌로 난간을 만들었고, 그 위에는 구리로 된 큰 향로 네댓 쌍과 일산, 깃발들이 뒤섞인 채 진열되어 있었다. 그 사이에는 장마(仗馬)들이 협로(夾路)의 좌우로 나눠서 도열해 있었다.

　대정 아래로 동·서반이 죄다 집결하자, 다시 황제가 가마를 타고 정전에서 내려서, 서쪽 곁방을 통해서 들었다. 통관 등이 전언하기를,

　"황제는 장차 태황과 태후, 황태후를 배알한 뒤에 어전으로 돌아와서 하례를 받으실 예정입니다."

라고 했다. 이윽고 동쪽 곁방에서 나온 황제는 벌써 어좌(御座)로 나아가고 있었다. 붉은 옷차림으로 필(蹕)을 맡은 장마 네 사람이 어로의 양쪽 편으로 나뉘어 서 있다가, 모두 필을 세 번을 친 연후에야 그쳤다.[39] 장마들은 곧장 원래 자리로 복귀했다. 이때에 문무 관료들은 제 자리로 나가서 북향 장궤를 취했고, 이윽고

정전에 가득한 찬성의(贊聲意)가 울려퍼졌으니, 그 군신들의 하표(賀表)라는 것이다. 이들은 전하는 소리에 맞춰서 삼배 구고두를 취하고는 곧 물러났다.

비로소 통관들이 신 등을 인도하여 아래로 내려가 서쪽 대정으로 나아가서, 어로 가까이에 차례대로 서게 하였다. 또 조금 앞으로 나가서 전례(儀)대로 배고(拜叩)를 취하고는 곧바로 물러났다. 이어서 몽골별종을 이끌고 고배(叩拜)를 취하게 할 때에, 마침 몽골 왕자도 도착을 했다. 그런데 들리는 바로는,

"몽골 왕자는 이미 청한(淸漢) 문무신료들과 동시에 예를 행했다."

라고들 한다. 다시 정도문을 통해 나와서, 동장안문 바깥에 이르러 말을 타고 회동관으로 되돌아왔다.

서둘러 식사를 마친 후에 곧장 사연(賜宴) 장으로 향했다. 또 오문 바깥에 이르러 잠시 쉬다가 태화전으로 들어가 도착했다. 전의 서쪽 모퉁이를 통해서 태화폐(陛)에 올라갔고, 태화전 바깥인 태화폐의 서쪽에 좌정했다. 몽골 왕자가 맨 앞쪽에 앉았고, 신 등이 그 다음이었으며, 별종이사(別種夷使)는 또 그 다음 차례

---

39) 왕이나 존귀한 신분의 행차를 알리는 필(蹕)은 벽제(辟除)를 행하는 의미를 지닌다. 예컨대 북소리에 맞춰서 의장용 채찍인 편(鞭)을 세 번 울리는 방식 등과 같은 것이다(김창업, 『노가재연행일기』 권4). 특히 정조 적의 필은 절대 정숙을 요하는 신호라는 의미를 갖는다.

였다. 돌층계의 동편에는 청한 이품(二品)이 늘어서 앉았고, 제왕 대신들은 모두 전내로 들어왔으며, 대정의 가운데에 있던 백관들도 좌정했다.

차(茶) 한 종류가 나왔다. 색깔은 약간 불그스레한 빛을 띠었는데, 차 맛이 매우 누릿하고 기름지게 느껴져서, 억지로 마시다가 게워내고 싶었다. 이윽고 음식상이 차려져 나왔다. 저 몽골 왕자는 1인이 한 상을 받았고, 신 등과 몽골별종은 모두 삼사가 상 하나로 겸상을 했다. 종석(鍾石)들이 기둥 사이로 매달려 진열되어 있었으나 움직이지는 않았다.

뒤섞여 동시에 진행된 희무(戲舞)의 모양새(體貌)는 단아하지 못했다. 그 춤은 비고(臂鼓)의 키를 켜서 마디와 박자를 만들었고, 그 희극은 말 인형 가면으로 전투 장면을 형상화하였다. 또 여장을 한 무희가 있었는데, 우리 풍속 중 광대놀이(優戲)와 비슷했다. 그 광대는 사타구니를 싸서 감은 채 휘파람을 길게 내뿜었는데, 자못 서로 닮은 느낌이 든다. 그리고 음악을 맡은 자는 길쭉하고 뾰족한 모전 삿갓을 썼는데, 그 모습에 절로 웃음이 나왔다. 그 희극과 춤은 아울러 태화전의 폐상(陛上)과 기둥 안쪽에서 펼쳐졌다. 또 제왕과 대신들이 서로 차례대로 번갈아 일어나서 태화전 안쪽에서 춤을 추었다.

춤 한마당이 다 끝나자, 고기 한 상과 술 한 종류가 차려져 나왔다. 몽골 왕자 및 몽골별종은 모두 태화전 가운데로 안내되어 들었고, 황제는 친히 술을 따랐다. 이제 연회가 파하자, 다시 돌층계를 따라서 내려와 대정에 이르러, 일배와 삼고(三叩)를 취하고 물러나 회동관으로 복귀했다.

☞ 기해일(己亥)

듣자 하니 황제는 그날 밤을 전후해서도 조참의(朝參儀)를 행하였다고들 한다. 담장 바깥의 어로에는 큰 소리를 내면서 구르는 수레 소리가 새벽녘에 이르도록 그치지를 않았다.

☞ 경자일(庚子)

청역(清譯)인 정효량(鄭孝亮)으로 하여금, 밤새도록 수많은 수레들이 다닌 이유를 알아보게 하였다. 되돌아오는 말에 의하면,

"외방에서 조회에 집결한 자들이, 오늘이 행진하기에 이롭다는 생각으로 문 앞에서 기다리다가, 성문을 빠져나가는 자들이 많았기 때문입니다."

라고 했다.

우리가 머무르고 있는 회동관 벽면에는 글씨가 씌어져 있었는데, 이르기를,

"유구국(琉球國) 중산왕(中山王)의 왕부대관(王府大官)."[40]

이라 하였고, 또 이르기를,

"법사왕구(法司王舅) 오국(吳國) 북곡(北谷)."

으로 되어 있고, 그 아래에 이르기를, "7월 5일"로 적혀 있었다. 내가 마침 이날에 뒤쪽 벽면을 자세히 조사해 보니, 또한 기록된 내용들이 많이 있었으나, 전혀 글 뜻이 통하지 않았다. 가장 아래쪽의 한 행에서 이르기를,

"강희(康熙) 4년 기(己) 9월 사(捨) 3일, 왕구통사(王舅通事)."[41]

라고 했다. 아마 오국은 곧 사람의 성명인 듯하고, 북곡은 바로 그의 호일 것이다. 또 왕구통사는 곧 왕의 장인이 대동했던 통사를 의미하는 것 같다.[42] 앞면에 쓰인 오국은 스스로 기록한 것이고, 뒷면의 글씨는 그 대동했던 통사가 기록한 것이리라. 7월 5일과 9월 사 3일은 각기 글을 쓴 날짜를 이와 같이 기록했을 것이다. 그 곁에 있는 글자는 자못 가늘고 유약한 필치로 열네 줄이 적혀

....

40) 유구국은 류쿠 제도(現 Okinawa)를 말하며, 명대부터 중국의 속국(屬國)이 되어 정시에 조공하기 시작했다. 청조가 등장한 이후로는 또한 청으로부터 책봉을 받았는데, '유구국 중산왕'이라 칭하고 2년에 한 번씩 조공하기로 협정을 체결했다.

41) '사(捨)'자는 십(拾)자를 잘못 표기한 결과가 아닐까 한다. 물론 일본에서는 십(拾)자 대신에 종종 사(捨)자를 쓰는 사례도 있다. 따라서 본문의 "9월 사(捨) 3일"은 9월 13일로 독해하는 편이 적절해 보인다.

42) 달리 대통관(大通官)으로 지칭되는 통사(通事)는 사행에 수반되는 제반 외교활동을 전적으로 담당하는 실무 외교관이랄 수가 있다. 조선의 경우 주로 역과(譯科) 출신자들이 선임되었으며, 한학(漢學)·청학(淸學)·왜학(倭學)·몽학(蒙學)·여진학(女眞學) 등의 통역관이 있었다.

있는데, 매 행의 머리에는 모두 일진을 기록해 두었다. 그 중에서
취할 만한 문구로는,

　"8월 26일 진시에 장가만(張家灣)이 타립(打立)43)을 한다.
27일 진시에는 우리들 정(鄭)·노(老)·림(林) 중에서 1~3인은
예부 전(前)에서 표문과 자문을 지(持)한다.44) 28일 사시에는
복건성 포정사(布政司) 전의 자문을 도찰원(都察院) 전에 납입한
다.45) 9월 20일에 수상하(受上下)를 하고, 21일에 상마연(上馬
宴)을 하고, 22일에는 타립을 한다."

라는 것들이다. 맨 뒤에 씌어져 있기를,

　"강희 4년 기 9월 16일……"

....

43)　박세당이 '행(行)하다'[길을 나서다]라는 의미로 해석한 '타립(打立)'은
실제 '출발하다'는 뜻을 지닌 단어다. 가령 오키나와의 토착 가문 중에 하나인
하마히가(濱比嘉) 가(家)의 족보에는 다음과 같은 대목이 나온다 :
『乾隆三十二年(丁亥)四月卄五日　御國元より音樂爲指南御用上國被仰付 同七
月三日那覇川出帆 同六日山川上着風不順有之滯船仕候砌在番親方より御問合
之趣有之 同十三日陸地より打立 翌十四日琉御仮屋參着…"(『沖繩の歷史情報』
5卷 (CD-Rom판),「久米村系家譜」,〈阮氏家譜〉, 1998)

44)　전(前)은 ~의 앞, 혹은 ~에게라는 의미다. 지(持)자는 지참(持參)한다는
뜻일 것이다. 일본어로는 모치(持ち)라고 발음하는데, 보통 '가지다, 지니다'
라는 뜻이다.

45)　포정사(布政司)는 명·청 시대에 각 성(各省)의 행정사무를 감독하던 장관
으로서, 총독·순무에 직속된 정3품의 관직이다. 한편 도찰원(都察院)은
홍타이지가 1636년에 설립한 최고 감찰기관으로서, 관리에 대한 감찰권을
더욱 강화하였다. 2명의 도어사(都御使)와 4명의 부도어사(副都御使)로 구
성되었으며, 만·한(滿漢) 병용의 원칙에 따라 만인과 한인이 동수로 임명되
었다.

라고 되어 있으나, 그 나머지는 또한 대부분 뜻이 통하지 않았다.

생각해 보건대, 이 문구들은 모두 강희 4년(乙巳)에 조공을 와서 회동관에 머무른 자들이 쓴 것이다. 그 중의 한 무리는 7월부터 9월까지 머물렀고, 분명히 유구국의 사신들일 것이다. 다른 한 팀은 의당 동년 8월 26, 27일에 북경(燕)에 도착해서, 9월 22일경에 북경을 떠났을 것이다.

여기에 씌어진 글들 중 16일이라고 한 것, 그리고 20, 21, 22일이란 예정된 행사 일정을 미리 기록해 둔 것이다. 그 '수상하'라는 표현은 아마도 수상(受賞)을 의미하는 듯하고, '타립'이라고 이른 것은 '행(行)하다'라는 의미일 것이다.46) 이 문구들도 또한 외국 사신들이 기록한 것일 텐데, 다만 이미 복건성을 경유하여 그 자문을 수취해서 왔던 것이다. 또한 '강희 4년' 아래에 표기된 '기(己)'자는 응당 사(巳)자[乙巳]로 고쳐 써야 할 것이다.47)

또한 곁에 적힌 방서(傍書) 중에 하나는 유구국 사신들이 쓴 필체와 서법이 동일하나, 한 줄만 그렇다는 게 참으로 의문스럽다. 짐작컨대 그것은 아마 유구국 사신들이 일 년에 두 번씩 조공을 왔기 때문이거나, 아니면 동남아 여타 지역의 오랑캐 사신들

· · · · · · · · · · · · ·

46) 타립(打立)을 '행(行)하다'로 해석한 맥락 속에는 회기(回期)가 확정되었다는 의미가 담겨 있다.

47) 강희(康熙) 4년(乙巳)인 1665년은 조선의 현종(顯宗) 6년에 해당하는 시점이다.

(夷使)이 같은 해에 조공을 왔기 때문일 터인데, 그렇다면 그 시속이 서로 비슷한 것이다.

역관 이경화(李慶和)가 말하기를,

"앞뒷면의 두 벽서 중에서 해독되지 않는 부분은, 모두 일본 글자와 유사해 보입니다."

라고 했다. 왜역(倭譯)인 박원랑(朴元郞)으로 하여금 판독해 보도록 했더니, 이르기를,

"이는 과연 왜서(倭書)입니다. 다만 군데군데 해석하기 난해한 글자들도 많군요!"

라고 했다.

🍥 신축일(辛丑)

해질 무렵까지 구름이 가득하고, 밤이 되자 눈이 내림.

🍥 임인일(壬寅)

눈을 뿌리다가 날이 저물자 쾌청해짐.

🍥 계묘일(癸卯)

야밤에 바람이 심함.

☙ 갑진일(甲辰)

바람이 드셈.

☙ 정미일(丁未)

저녁에 구름이 끼고 눈이 내림.

☙ 무신일(戊申)

온 종일 눈이 내림.

☙ 기유일(己酉)

오래도록 하마연(下馬宴)을 시행하지 못한 탓에, 아직 회기(回期)조차도 확정되지 못했다. 누차 통관배들에게 문의를 했으나, 조심스럽게 이르기를,

"황제께서 정월 초하룻날의 정조(元朝) 이후로, 매일 연회에 노닐며 희극을 관람하셔서, 예부의 관리들도 수행해서 참석하는 바람에, 미처 하마연 자리를 마련할 수 없었소!"

라고 하거나, 혹은 이르기를,

"회자(回子)48)와 양광선(陽光先) 간의 역법논쟁(爭曆法)으

---

48) 벨기의 출신의 베르비스트(Ferdinand Verbiest, 南懷仁)를 말한다. 그는

로, 수일에 걸쳐서 백관회의가 열렸으나 아직 결판이 나질 않았고, 때문에 자리를 마련할 수 없었답니다."

라고도 했다. 통관에 따라 말하는 바가 각기 달랐다. 오늘에야 비로소 찾아와서 말하기를,

"17일에 하마연을 시행할 것입니다."

라고 했다.

경술일(庚戌)

통관이 다시 찾아와서 말하기를,

"내일도 또 백관회의가 있어서, 하마연을 시행할 수 없게 되었습니다."

라고 했다.

신해일(辛亥)

수일 동안 극심한 한파가 지속되었다. 듣자 하니 내일이면 틀림없이 하마연이 시행될 것이며, 모레에는 영사(領賜)[49]를

....

양광선의 거듭된 역법상의 실책을 지적한 끝에, 강희제에 의해서 흠천감(欽天監)의 감부(監副)로 임명되기에 이른다.

49) 영사(領賜) 혹은 상사(賞賜)·회사(回賜)란 번국의 조공에 대한 황제의 답례의 성격을 띠는 의식이라 할 수 있다. 이를테면 주종(主從)·종번(宗藩) 관계의 구체적인 표현에 상응하는 의식인 것이다. 그 구체적인 물목에 대해서

행한다고도 했다.

☙ 임자일(壬子)

아침 늦게 복장을 갖춰서 예부에 갔다. 예부상서(禮部尙書) 한학유(漢郝惟)가 더듬거리는 말로 연회를 주관했다. 먼저 신 등과 더불어 폐상으로 나아가서 북쪽을 향하여 배고를 취하고는, 같이 자리에 나갔다. 상서는 당(堂)의 서쪽을 향해서 좌정했고, 신 등은 남향한 자세로 상서의 곁에 좌정했다. 신 등의 뒤쪽에 있던 원역들은 두 줄로 나눠서 좌정했다.

차를 마신 뒤에는 음식상이 차려져 나왔고, 이어서 헌주(獻酒) 삼배가 끝났다. 다시 일어나 폐상으로 나아가서 배고를 취했고, 서로 읍례를 취하면서 파하고는, 회동관으로 되돌아왔다.

☙ 계축일(癸丑)

복장을 갖추고 오문의 바깥에 이르니, 상사(賞賜)에 쓰일 여러 물품들이 때맞춰 도착하고 있었다. 통관 등이 말하기를,

"상단품(賞段品)이 박하니, 당장 바꾸시오!"

라고 명했다. 잠시 뒤에 바뀐 품목들이 도착했다. 신 등을 인도하

는 김창업의 『노가재연행일기』, 「재회물목(齎回物目)」에 상세하게 명시되어 있다.

여 어로에 나아가서 서향 배고를 취하게 했는데, 원일의 조의(朝儀) 때와 같았다.

뒤로 조금 물러나서 서서 있는데, 다시 나아가서 궤례를 취하게 하고, 우리 조정(朝廷)에 보낼 안장을 지운 말과 단·은(段銀)[50]을 수증(受贈)해서 물러나게 하였다. 이제 차례대로 호명하여 앞으로 나아가게 해서 영사(領賜)토록 하였다. 원역들은 다섯 명씩 나눠서 다섯 차례 나아갔고, 모두 이름을 불러서 전수하는 의식이 끝나자, 또 배고를 취하고는 나왔다.

회동관에 이르니 개시(開市)를 알리는 방문(榜文)이 때맞춰 도착하였기에, 이를 게시했다.[51]

☙ 을묘일(乙卯)

예부시랑(禮部侍郞)이 회동관에 도착해서 상마연을 베풀었다. 신 등은 중문 바깥으로 나와서, 읍하며 들어 서정(西庭)으로 나아가 북향 고배를 취했다. 우리가 인도되어 중당(中堂)에 이르러서는 가운데를 나눠 손과 주인이 각기 좌정했다. 예부 관리들은 동편에 좌정했고 신 등은 서편에 좌정했다. 원역들은 당 위에

----

50) 단은(段銀)은 채단(綵段)과 은자(銀子)를 의미한다.

51) 회동관 개시는 일종의 사행무역(使行貿易)에 해당한다. 회동관 개시를 포함한 다양한 교역 기간을 확보하기 위하여 사행원들은 갖가지 명목을 내세워 사행 기일의 연장을 시도한 끝에, 다소의 폐단이 발생하기도 했다.

좌정했으며, 신 등의 뒤쪽에 있던 그 나머지 사람들은 뜰의 서쪽에 앉았다. 공간이 비좁았던 까닭에 상마연이 파하자, 뜰로 나아가서 또 북향 고배를 취하고는 서로 읍하며 헤어졌다.

중문 바깥에 이르니 청관인 예부시랑이 돌아오고 있었다. 시랑의 언동이 하도 민첩해서 물었더니, 그의 나이는 38세며 자식 여러 명이 두꺼비(蝦)처럼 우글거리고 있다고 했다.

✿ 정사일(丁巳)

어제께 들리는 소문으로는,

"유구국 사신들이 오늘 즈음에 북경에 당도할 것이다."

라고들 했는데, 아직 오지 않았다.

✿ 무오일(戊午)

회동관을 출발했다.[52] 길에서 한 부인이 탄 수레를 조우했는데, 앞뒤로 따르는 사람들이 무척 많았다. 그녀는 제왕의 처로 일컬어졌다. 앞에서 길을 인도하는 자들이 사람들을 물리치기에, 잠시 길옆으로 피했다.

....

52) 조선 봉사단이 북경에 체류했던 기간은 대체적으로 40여 일이었고, 후대로 가면 60일 정도로 늘어나는 추이를 보이기도 했다. 이에 비하면 금번 무신년 봉사단의 북경 체류 기간인 32일은 극히 짧은 셈이다.

조양문을 나서니 날씨가 한결 따뜻해졌다. 길을 따라가니 남녀 무리들이 여럿 모여서 우리 일행을 구경하고 있었다. 영통교를 지나서 저녁에는 통주(通州)에 도착했고, 그곳 찰원에서 묵었다. 이날은 40리를 행진했다.

기미일(己未)

해 뜰 무렵에 백하(白河)를 건너서, 아침은 하점(夏店)에서 먹었다. 저녁에 삼하(三河)에 도착해서 찰원에서 묵었다. 이날은 80리를 행진했다.

경신일(庚申)

구름이 약간 끼었다. 호행 마패 노숭흥(盧崇興)이 스스로 말하기를,

"관이 예부의 의제사(儀制司) 원외랑(員外郞)인데,[53] 우리 형님이 일찍이 칙사(勅)에 봉해져 조선에 다녀온 적이 있었소." 라고 했다.

....

53) 명대의 경우 예부 예하에 소속된 사무청으로는 사무(事務)·의제(儀制)·주객(主客)·정선(精膳)과 4 청리사(淸吏司)가 있었고, 각각 정5품인 낭중(郞中) 1명과 종5품인 원외랑(員外郞) 및 정6품인 주사(主事) 1명이 있었다. 『명사(明史)』권7, 「직관지(職官志) 1」. 특히 이들 관직 중에서 표·자문을 담당했던 부서는 의제 청리사였다.

구하(泃河)에 당도하니 교량이 파괴되어 배로 건넜다. 나머지 수레들은 대부분 얕은 곳으로 건너서 강을 지났다. 방균점에서 아침을 먹고, 저녁에 계주에 이르러 찰원에서 유숙했다. 이날은 70리를 행진했다.

☜ 신유일(辛酉)

해가 뜰 무렵에 영제교를 건너고 신선령을 지나가는데, 길에서 출장(出葬) 행렬을 목격했다. 앞에서는 꽃기와 채색 깃발, 말 인형과 인형(偶人)으로 인도했다. 상여(喪車) 위에는 채색된 누각을 얽어서 오르게 하였다. 남녀 노소가 모여서 구경하고 있었다. 아침을 나산점에서 먹고 채정교를 지나서, 저녁에 옥전현에 도착하여 찰원에서 묵었다. 이날은 70리를 행진했다.

☜ 임술일(壬戌)

가는 눈발이 날렸다. 사류하에서 아침을 먹고 환향하를 건너서, 저녁에는 풍윤현의 왕수재(王秀才) 집에서 유숙했다. 이날은 70리를 행진했다.

☜ 계해일(癸亥)

판교하(板橋河) 철성감을 지나서, 진자점에서 아침을 먹었다.

망우교를 지나려는데, 말을 머물러 두게 한 길옆에서 인근의 거주
민들이 모여서 일행을 구경하고 있었다. 남루한 옷차림에 나이
예순 가량의 한 노인이 나를 가리키면서 여러 소년들에게 일러
말하기를,

"이 자는 아직도 의관이 구속(舊俗) 그대로인데, 지금 천하에
서 유독 조선만이 체두(剃頭)를 따르지 않고 있지!54) 비통한
마음에 절로 눈물이 날 지경이네!"
라고 했다. 칠가령 청량산을 넘어서, 사하역에 이르러 강수재(姜
秀才) 집에서 묵었다. 이날은 70리를 행진했다.

🐚 2월 1일, 갑자일(甲子)

사하를 건너고 아랫길을 따라 내려가서 조어대(釣魚臺)를 관람
했다. 조어대는 명대의 감찰어사(監察御使) 한응경(韓應庚)이 쌓
은 건물로서 난하(灤河)에 위치하고 있다. 하류의 남쪽 언덕에는
봉우리 하나가 우뚝 홀로 솟았고, 그 곁에는 기암괴석들이 즐비했
다. 조어대는 산 중턱을 웅거한 채 드높이 솟았고, 대 아래에는

---

54) 체두(剃頭)는 체발(剃髮) 혹은 변발(辮髮)과 동일한 의미다. 1645년(순치
  2)에 한인 사대부의 민족의식과 자존심을 꺾기 위한 치발령(薙髮令)에 의해
  서, 열흘이라는 기간 안에 즉각적인 이행을 요구했다. 순치제는 한인들이
  명제(明制)에서 청제(淸制) 식으로 의관을 변경하는지 여부를 지켜보면서,
  그 피아(彼我)·순역(順逆)의 정도를 판단하고자 했다.

돌들을 포개서 섬돌을 만들어 두었는데, 모두 90 층계였다. 세 번 굽혀진 위쪽의 대(臺) 위에는 누각이 있고, 누각의 측면에 자리한 절간에는 여러 명의 승려들이 지키고 있었다.

난하의 북쪽에 흡사 덮개 모양새를 한 울창한 소나무 숲의 산이 바로 한응경의 묘구(墓丘)고, 묘의 동쪽 모서리 강가에는 수풀 동산 속에 가옥이 자리하고 있으니, 곧 한응경의 구택이었다. 한응경은 만력 연간에 이곳 조어대 위의 누각으로 물러나 은둔했고, 다시는 관직에 응하지를 않다가, 최후를 맞이하여 이 산 언덕에 몸을 거두어 묻었다. 그의 풍절(風節)은 숭상할 만하다. 그 자손들도 여전히 구업(舊業)을 망실하지 않았다고들 이른다.

난하와 청수하를 건너서, 저녁에는 영평부에 이르렀다. 이날은 80리를 행진했다.

❧ 을축일(乙丑)

바람이 드세게 불어 춥다. 배음보에서 아침을 먹고 노봉구와 무령현을 지났다. 저녁에는 유관에 도착해서 가게에서 묵었다. 집에 있던 주인 송씨는 비교적 성실하고 신중해 보이기에, 내가 말하기를,

"나는 멀리서 중국에 사신으로 왔는데, 만나는 사람들마다 한결같이 눈이 어두운 듯 식견이 부족하여, 같이 대화를 나눌 수가

없어서 크게 실망했습니다."

라고 했다. 이에 주인이 답하기를,

"남쪽 땅은 그렇지만도 않습니다. 다만 고가세족(故家世族)의 경우 경미한 죄라도 범하게 되면, 즉각 당사자는 주살을 당하고, 그 처자들은 심양 북쪽(瀋北)으로 이송해 간답니다. 거주지가 옮겨져 이송된 자들은 서로 같은 도(道)에 소속되더라도, 어찌 차마 말이나 나눌 수가 있을까요?"

라고 했다. 이날은 90리를 행진했다.

병인일(丙寅)

바람이 몹시 드세다. 심하역 왕가령을 지나서, 범가점에서 아침을 먹었다. 석하를 건너고 저녁에 산해관에 도착했다. 성장이 베푼 요연(邀宴)에 신과 부사가 함께 가서 접대를 받았다. 이날은 80리를 행진했다.

정묘일(丁卯)

바람이 부는 가운데 가는 눈발이 흩날렸다. 역관 정세유와 군관 이제량(李悌亮)에게 장계를 쥐어 주어, 사신이 병으로 지체된 사정을 앞서 간 일행에게 부치고 다시 돌아오게 하였다.[55]

☞ 무진일(戊辰)

바람이 불고 춥다. 중전소에서 아침을 먹고 석자하를 건넜다. 다시 고령역 급수하(急水河)를 지나서, 저녁에 전둔위에 도착했다. 이날은 70리를 행진했다.

☞ 기사일(己巳)

여전히 바람이 불고 추운 날씨다. 사하보에서 아침을 먹고 중후소 육고하를 지나서, 저녁에는 동관(東關)에 이르렀다. 이날은 70리를 행진했다.

☞ 경오일(庚午)

한인으로 북경에 거주하던 자가 몰래 북쪽 깊숙이 잠입하여 인삼을 채취하다 발각된 끝에, 수갑에 채워진 채로 이송되고 있었다. 이곳에 도착한 후에 나는 배역(陪譯)인 김시징으로 하여금, 심양에서 영고탑(寧古塔)에 이르는 거리 및 영고(寧古)에서 만주(滿洲)까지의 거리가 몇 리나 되는지를 가서 물어보게 하였다. 더불어 저 한인의 잠채(潛採)가 과연 어느 지역에서 이뤄졌는지도 알아보게 했다. 이에 김시징이 답변하기를,

---

55) 전날 산해관 성장이 주최한 요연에 정사 이경억이 빠진 사실로 미뤄 보건대, 병이 난 사신은 이경억임에 분명해 보인다.

"어피(魚皮) 지방에 이르러서 잠채사가 발각이 되었답니다. 영고에서 심양까지의 거리는 1,700여 리며, 만주와 몽골 간은 불과 300리에 불과합니다."

라고 보고했다. 나는 또한 김시징으로 하여금,

"영고에 장군(將軍)이 있는 것과 마찬가지로, 만주에도 또한 통령(統領)이 존재하는가?56)와, 영고에 견준 만주 인구(人物)의 규모는 어떠한가?"

를 물어보게 하였다. 김시징이 답하기를,

"만주에는 통령이 없으며, 또한 영고에 부속되어 있고, 인구는 그다지 많지는 않습니다. 그 풍속이 오로지 채렵(探獵)을 일삼기 때문에, 보통 어피달자(魚皮㺚子)57)로 부르곤 합니다."

라고 했다.

해가 뜬 후에 길을 떠나서 곡척하를 지나고, 중우소에서 아침을 먹었다. 다시 조장역(曹庄驛)을 지나서, 저녁에는 영원위(寧遠衛)에 도착하여 찰원에서 묵었다. 이날은 60리를 행진했다.

---

56) 장군(將軍)은 팔기장군(八旗將軍)을 말한다. 황제 직속체제로서 중요한 성도(省都)에 주둔하는 팔기군을 지휘할 뿐만 아니라, 만인 총독과 그 아래의 한인 순무를 감시하는 역할까지 병행하였다. 한편 '통령'은 실제 관직명이라 기보다는 총독과 순무를 합친 독무(督撫)에 상응하는 의미로 파악된다.

57) 달자(㺚子)는 흉악무도한 야만인(barbarian)을 뜻하는 단어다. 그러므로 어피달자란 어획(漁獲)과 피물(皮物)을 위해 수렵하는 흉악한 야만인을 지칭하는 표현이다.

📜 신미일(辛未)

구름이 끼었고, 바람이 무척 드세게 분다. 새벽에 출발해서 삼수산 확석성(礐石城)을 지났다. 연산역 역점(驛店)의 노변에서 수레에 실린 부인들을 목격했는데, 그 수효가 무척 많았다. 그 한 수레당 각각 서너 사람이 실려 있었다. 역관으로 하여금 그 이유를 물어보게 하였더니, 말하기를,

"도망자를 은닉한 자들은 그 일이 탄로날 경우, 그 남자는 즉각 주살하고, 처자는 영고탑으로 이송시킨답니다."

라고 답했다. 수레는 모두 24대였다.

탑산에 이르러 아침을 먹고 고교보를 지나서, 저녁에 행산에 도착했다. 날이 저문 뒤로는 바람이 더욱 세차게 부는데다가 눈까지 쏟아지기 시작했다. 이날은 100리를 행진했다.

📜 임신일(壬申)

바람이 여전하다. 날이 채 밝기도 전에 송산 소릉하를 지나서, 도로 옆의 작은 가게에서 아침을 먹었다. 노상에서 재차 어제 수레로 이송중이었던 부인들이 어느 지역 출신의 사람들인지를 물어보게 하였다. 되돌아오는 말에 의하면,

"저들은 모두 복건·귀주·운남·광동성 등지의 사람들이고, 그 중에는 해간부(海間府) 사람들도 포함되어 있는데, 곧 반민의

처노들로서, 노비로 전락시켜 심양으로 천배(遷配)되는 자들입니다. 실제로 은닉(藏□)했는지 여부는 대질하지도 않고, 영고로 이송되는 자들이기도 하지요!"
라고 했다. 말하는 내용이 어제 들었던 것과는 다소 차이가 있었다.

대릉하를 지나서 저녁에는 십삼산에 도착했다. 이날은 100리를 행진했다.

✣ 계유일(癸酉)

바람이 분다. 닭이 울자마자 길을 나서, 여양역에 이르러 아침을 먹었다. 지름길을 골라서 광녕의 동남쪽으로 나왔다. 사하자(沙河子)에서 말에게 말먹이를 먹이고, 저녁에 반산(盤山)에 도착했다. 이날은 100리를 행진했다.

✣ 갑술일(甲戌)

오늘도 바람이 불었다. 새벽녘에 출발하여 고평(高平)에 이르러 아침을 먹었다. 평산보(平山堡)를 지나서 저녁에는 사령(沙嶺)에 도착했다. 이날은 100리를 행진했다.

🍃 을해일(乙亥)

닭 울음소리를 들으면서 출발하여, 일출 무렵에 요하에 이르러서는 얼음을 타고 강을 건넜다. 물길이 급하여 배와 노가 제멋대로 따로 논다. 매양 우리 사절단이 이르는 곳마다, 이상하게도 드센 바람을 만나기도 하고, 얼음 바다에 처해지기도 했다. 갖은 신고로 행로가 지체되곤 하였다.

요하 가까이 사는 사람들은 개인의 선박으로 강을 건네주고는 그 대가를 받아 이익을 챙기곤 하였다. 신 등이 길에서 들으니, 요하인들은 우리 봉사단들을 익히 알고 있다고들 했다. 또한 강 가까이에 거주하는 사람들을 무리로 동원하여, 요하의 빙판을 깨서 거의 수십 리나 되는 길을 만들어 두었다. 그리고 큰 이익을 노릴 속셈으로 둘러대기를,

"강바람이 매서워서 강이 꽁꽁 얼어붙었소!"

라고 했다. 이들은 흥정이 적당한 선에 이를 때까지 끝내 그 계책을 팔지 않았다. 일행이 막 요하에 이르자, 과연 얼음을 깨서 뱃길을 개척해 둔 흔적이 보였다. 한속(漢俗)의 탐사한 정도가 이 지경이었다.

강가에서 아침을 먹으면서 들으니, 광녕에서 가까운 몽골 부락에 거주하는 자들의 그 왕모(王母)가 장차 안산(鞍山)의 온천에 목욕을 갈 것이라고 했다. 마침 왕의 동생이 수행해서 이곳을

지나치고 있었다. 신 등이 가서 구경을 하고 있노라니, 왕모가
아들을 시켜서 우리를 맞이하여 그녀의 천막 안으로 들게 하였다.
왕모는 나이가 예순 가량 된 노부였다. 아들의 나이는 삼십 남짓해
보였는데, 수많은 소와 양들을 거느리고 이동하던 중이었다.

그 무리들 중에서 호인 한 사람이 스스로 말하기를,

"본디 평안도 영변인(寧邊人)인데 포로가 되어 끌려왔습니다."
라고 했다. 조선말이 다소 어눌했다. 무척이나 고달프고 쇠약해
보여서 슬픔을 자아내게 했다. 다시 길을 재촉하려고 작별 인사를
건넨다. 그 모습이 하도 슬퍼 보여서 내가 질문하기를,

"자네는 귀국할 의향이 있으신가?"
라고 했더니, 이 말에 곧 잠긴 표정으로 눈물을 쏟으며 말하기를,

"귀국이라뇨? 도대체 가능하기나 한 일이겠습니까?"
라고 답했다. 그는 목이 메어 와서 스스로를 주체하지 못했다.
나는 그가 너무나 안쓰러웠다. 그로 하여금 신상(家信)을 정리하
게 해서 일행 중에 부촉했다. 또 칼과 종이를 증여했다. 우가장에
도착해서 묵었다. 이날은 60리를 행진했다.

☙ 병자일(丙子)

경가점에 도착해서 아침을 먹었다. 요동은 길이 굽어서 멀므로
호행과 아역에게 청해서, 장차 천산(千山) 사이의 길을 경유해서

호랑구(虎狼口)로 빠져나왔다. 길 옆에 위치한 안산의 온천(湯泉)을 지나서, 저녁에 기황촌(機黃村)에 도착해서 유숙했다. 『지지』를 살펴보니까,

"천산은 요동성 남쪽 60리 지점에 위치하며, 뾰족한 산봉우리가 촘촘히 모여 있는 곳에, 용천사(龍泉寺) 등의 사찰과 나한동(羅漢洞)이 위치해 있다."

라고 되어 있다. 이날은 80리를 행진했다.

정축일(丁丑)

소령(小嶺)을 넘고 칠령사(七嶺寺) 미륵대(彌勒臺)를 지나왔는데, 모두 심산유곡 속에서의 행진이었다. 한가(韓家)에서 아침을 먹었는데, 그 집 정원에 있던 어떤 승려가 스스로 말하기를,

"원래 용천사에서 지냈습니다. 용천사와 이곳과의 거리는 10리며, 거주하는 승려만 해도 모두 250여 명은 됩니다. 그 중에는 진(眞) 대사라는 분도 계신데, 본디 광동 출신이시지요. 좌선하면서 하산하지 않은 세월이 어언 3년째인데, 불도가 매우 높으십니다."

라고 전언했다. 인하여 서남쪽 방향의 한 봉우리를 가리키면서 이르기를,

"용천사는 바로 저 사이에 있습니다."

라고 했다.

재 하나를 넘고 대뢰하(大瀨河)를 건넜다. 또 재 하나를 넘어서 저녁에는 마둔(馬屯)에 이르렀다. 나이 칠순의 한 노부가 스스로 말하기를,

"본디 함경도 경원(慶源) 땅의 번호(藩胡)였다가 귀화(向化)를 해서 살았더랬지요. 진주민란(晋州亂) 이후로 다시 쇄래(刷來) 를 했었답니다."[58]

라고 전했다. 또 말하기를,

"질 좋은 갱미 쌀이 생각나서, 여러 되를 구했다우! 여기서는 초혼 때에 준답니다."

라고 했다.

역관 장현이 다가와서 말하기를,

"필관보(畢管堡) 사람 중에 조삼적(趙三適)이란 이가 이곳에 이르러 말하기를, '조선의 자문(咨文)이 봉황성에서 북경으로 전 송되었고, 어제 정오 무렵에 막 필관보를 통과했는데, 심히 긴급

----

58) 당시 변경인 함경도는 중국의 동북지역과 유사하게, 부분적으로 조선인·만
주족·한족·여진족·거란족 등의 종족들이 혼재하는 경향을 보여주는 지역
이었다. 번호(藩胡)는 이러한 맥락을 담지하고 있는 개념이다. 또한 향화(向
化)는 오늘날의 귀화(歸化)와 동일한 의미며, 쇄래(刷來)는 복잡한 외국
생활을 청산하고 자발적 의지의 차원에서 다시 본국으로 되돌아간다는 개념
이다. 한편 언급된 진주란(晋州亂)은 그 시기상 조선후기인 철종(哲宗) 13년
2월(1862)의 사태로는 보이지 않는다. 아마 함경도 지역에서 발발한 여타의
민란(民亂)을 잘못 구술했거나, 혹은 기록한 결과가 아닐까 싶다.

한 내용처럼 보였다.'라고 했답니다."

라 전했다. 내가 묻기를,

"그게 과연 무슨 일을 이른 것일까요?"

라고 했더니, 장현이 답하기를,

"일찍이 합(哈) 지방에서 들으니, '어떤 반역자가 있었는데, 이 역적이 그 북쪽 변경에 가서 범하지 않음이 없었다.'라고들 하질 않습니까? 참으로 알 수가 없는 노릇이었지요!"

라고 했다. 신 등은 당황스럽고 놀라워서 추측조차 하기가 어려웠는데, 상인배들은 또한 길거리에서 들었다면서,

"봉황성 쪽에서 온 자들은 모두 다 또한 그렇게 말하더라."

라고 전했다. 이날은 90리를 행진했다.

무인일(戊寅)

자랑구(康狼口)를 지나서, 첨수참에서 아침을 먹었다. 그곳의 아역(衙)인 김술이 뒤쫓아와서 이르렀기에, 장현으로 하여금 가서 자문사에 대해서 알아보게 하였더니, 김술 또한 말하기를,

"무슨 일인지는 정확히 모르나, 다만 심히 긴급한 체송(遞送) 건으로만 전해 들었습니다."

라고 하니, 더욱 더 의혹스럽기만 했다. 고령을 넘는데 얼음길이 무척 험악했다. 저녁에 연산관에 도착하여 찰원에서 묵었다. 이날

은 80리를 행진했다.

기묘일(己卯)

분수령을 넘고, 통원보에 이르기 5리 전 지역의 물가에서 아침을 먹었다. 장하를 건너고 토구(兎口)를 지나서, 산 아래 민가에서 묵었다. 이날은 80리를 행진했다.

경진일(庚辰)

눈이 내렸다. 날이 채 밝기도 전에 전하(前河)를 건너고 두령을 넘었다. 다시 옹북하를 건너고 장령을 넘어서, 진동보에서 아침을 먹었다. 신 등이 연산관에서 머무를 때에, 역관 정효량을 보내 먼저 책문에 도착하게 해서, 의주에서 마중을 나온 후인(候人)이 당도했는지를 살펴보게 하였으나,[59] 아직 탐문한 결과에 대한 보고가 없다.

며칠 전부터 지금까지 입으로만 전해져 왔던 자문사란, 신 등이 이곳 진동보에 이르렀을 적에, 마침 책문에서 되돌아온 정효량에 의해서 비로소 자문이란 바로 북로(北路)에서 시장을 여는 사안(開市事)이었음이 밝혀졌다.[60] 소문이란 모두 망설에 속할

. . . .

59) 후인(候人)은 빈객의 송영(送迎)을 맡은 관직으로, 달리 후관(候官)으로 칭하기도 한다.

뿐이다.

모고령을 넘어서, 저녁에 봉황성에 도착하여 찰원에서 묵었다. 이날은 80리를 걸었다.

🍃 신사일(辛巳)

날이 저문 뒤로 구름이 끼었다. 책문 안에서 아침을 먹고, 수검이 끝나면서 곧 책문을 벗어났다. 봉황산과 용산, 어용판을 지나서, 저녁에 탕참에 도착하여 물가에서 노숙을 했다. 이날은 40리를 행진했다.

🍃 임오일(壬午)[61]

바람이 분다. 해가 뜰 무렵에 금석산을 지나서 야차에서 아침을 먹었다. 구련성을 지나고 압록강(鴨綠江)을 건너, 저녁에 의주에 도착했다. 이날은 80리를 행진했다.

· · · · · · · · · · · · · ·

60) 6년 전인 1662년(현종 3)에 작성된 정태화(鄭太和, 1602~1673)의 『임인음빙록(壬寅飮氷錄)』에는 "중강(中江) 지역에서 시장이 열려 청인들이 막 체류하려는" 정황과 함께, 관시차원인 희천군수 김유(金瑜)가 노상에서 배알한" 기록을 남겨두었다(〈8월 17일〉) : "及到中江 開市淸人方留在. 官市差員 熙川郡守金瑜謁於路左."

61) 귀국한 시점은 대략 때이른 봄인 1669년(己酉) 2월 19일로 환산된다. 한편 『서계집』의 「연보」에서는 "선생은 41세 적의 3월에 북경에서 귀국하여 복명을 했다."(先生四十一歲, 三月自燕還朝復命)라고 기록해 두고 있다.

『서계연록』 원문

西溪燕錄

冬至使書狀官兼司憲府持平臣朴世堂謹 啓跟
同使臣吏曹判書李慶億副工曹叅議鄭輪前赴北
京回還一路聞見謹具 啓聞
戊申十一月二十一日丁巳早朝出義州城西門江
岸搜檢處平安都事卞楾義州府尹成後嵩先至同
坐搜點人口馬匹及公私載物夜分始畢執炬過江
至三江口失路徊徨既渡約行五里暗中見路傍有
隱隱形馬頭張鶴指言是九連古城過城十里宿野
次是日行三十里
戊午平明行松鶻山嵯峨如鉅齒甚奇朝餐錦石山

下晡時過湯站有廢城隱暎林間山地常多虎副使
軍官李悌亮所乘馬忽驚躍戰掉或云見虎而然過
魚龍坂露宿龍山下山亦拔起平地奇秀可喜是日
行六十里野宿兩夜適暄暖一行無病寒之苦
己未曉離宿次過鳳凰山山甚奇拔峯巒回亞石城
周遭緣山而築極險絕隨行者謂即安市城前山奉
使諸人所記並同然考之地志鳳凰山在都司城東
三百六十里上有疊石古城可容十萬衆唐太宗征
高麗駐蹕于此又云安市廢縣在盖州東北七十里
唐太宗攻之不下地志如此則山城之非安市明甚

相傳謂然者謬也未到柵門一里所朝餐麻貝三人
悖氏一人衙譯文金黃逸隱金等聞臣等至寧甫古
甲軍數十出柵見待各有贈遺甲軍革燧少喧爭不
已加贈乃去晡時封狀　咨附義州田還將官臣先
至柵外點入人馬清人數十革亦夾門內外點數以
入既畢而兩使隨之臣亦進入行八九里至察院鳳
凰城將有胡漢二人胡將烏里海稱河託達漢將藥
可進稱城首其護行者麻貝孤巴達伏兵將王崇爵
並稱章京衙譯則黃逸隱金胍古四人甲軍二十餘
使阿譯通城將求免見官禮得許是日行四十里

126

庚申日出而發至白巖洞口名乾磧水上朝餐踰毛
姑嶺夕至鎮東堡一名松站宿察院是日行五十里
辛酉平明踰長嶺渡荒北河踰辛嶺下有一河凡再
渡譯官張炫謂為八渡河問甲軍稱劉家河金家河
河之再渡其間數十步遂渡異名固可起前此奉使
昕記或言八渡河在松站東或言在松站西記既不
同今松站東西又未見有一河八渡者則八渡之名
不知剙自何人終不的其處朝餐于河傍過免門口
渡一河甲軍並云是長河路傍石山稱漫頭山夕至
通遠堡一名鎮夷堡宿察院有小兒數輩來見叩拜

自言讀論語使各書姓名云陳善言陳國瑞並十許
歲問其有師否答有令呼其師至書紙背以問則姓
名金啓正撫寧縣人家貧無資在山堡爲人作門館
中國之俗近師于家以教問學徒幾人曰十二人且
其子弟者謂之門館先生
又問初屢山土不知如今天下清平民生安樂否答
關西之地盡被旗下圈占民不堪命故流落關東以
圖躲免差役者多問旗下是何等官答是王子庄頭
又閣關外視關內如何答關東久荒之地人民蝟集
亦僅能糊口而已至于關西人民逃散錢粮太重較
之關東反不如耳問聞今年濟南等地地震江南龍

閩人命多損是否荅然又問雲貴兩廣福建並皆建

置省府無有叛搜者乎曰不知問傳聞蒙古來犯喜

峯口出言信否荅吾亦聞此未審其信遂辭而歸頗

有畏忌之色是日行六十里

庚申微陰早發至騶馬塲東址山下朝餐路傍有碑（庚申臺出）

萬曆辛丑所立為文者禮科給事中徐觀瀾碑陰所

記諸人姓名並當時經理東方西來者踰分水嶺夕

至連山關宿察院中是日行六十里

壬戌未明發逢胡人訪以地名見臣下馬拜又能為

東語臣問汝為我人乎對本居果川霜草里為宣

陵守護軍年十六遇丙子被掠于蒙古而来再逃每
見執時居遼東近地為莊奴且曰父為　宣陵首僕
亦有兄不知存沒臣問思歸乎荅言無夜不夢朝鮮
来此再聚婦皆死生子女五六人俱不育既鰥且老
甚思逃歸頃日夕人生事今雖東還故土必不容受
無可奈何耳問聞蒙古近犯閉外汝知之乎曰今年
春蒙古以其地連年荒歉求開市而怒米價高遂劫
取牛馬傷害人命掠粟六十車以歸曰今年若無水
七月當再来而時姑無聲息矣喩高嶺嶺甚高險前
後来者多以此為會寧嶺者非也乃語轉而錯耳下

嶺未及甜水站數里止飯水東其水西山麓絶崖上

有塔突然譯輩傳為盖蘇文所祠然訪之土人云山

有明時總兵韓氏墓此塔為其墓厭勝而作過甜水

站踰青石嶺嶺高不及高嶺而亂石齒錯險澁無比

自我 國都至燕京三千餘里其間嶺之高無過高

嶺險無過青石夕宿狼子山是日行八十里

癸亥平明前渡一河凡四涉考前錄或以山為三流

河或以為柳河三流河湯河路逢數人間之俱云只

有湯河又過兩嶺前為小石門後為大石門前錄又

有以此為王祥嶺者又有以前嶺為王祥後為石門

者今問王祥所在所遇十餘人皆言未聞有此朝
餐於嶺下冷泉傍群廠行山坡甲軍二人往射不獲
過阿彌庄路側應真寺居僧數輩梵音經誦與東僧
絕相似但鼓鈸之咒間有異同乃知僧家經咒有所
承焉耳渡太子河一名東梁河自鴨綠至遼東山為
最大水近河北岸有祈福寺屋柱皆新用丹漆光彩
照灼眩奪人目有一僧官餀茶果以供過新城城中
人戶凋殘北門內有屋炭然尖高被以青黃瓦是崇
德汗攻遼東時帳坐處後為山屋以諠之復渡太子
河至察院察院之東為新城西為舊城是日行六十

里

甲子瀋陽戶禮部侍郎二人来此欲至察院相見故
不得早發食後始與外郎直庫各二人衙譯金龍立
偕来臣等待之如鳳城人例鳳城護行麻貝及黃逸
隱金亦来外郎直庫乃胥吏之流而與侍郎並坐無
別其簡於禮數如此遺官卞甬輔清譯鄭孝亮領送
大小好紙六萬三千張雜色木二千六百疋紅綠綃
二百疋青黍皮七領白米用唐斗量七斗共七十三
駄于瀋陽向午發行入遼東舊城觀白塔寺舊名廣
佑因塔得名地志塔高數丈以今所見高數百尺豈

增飾而然耶凡二十八層八角俱懸風鈴最上立銅
柱丈餘下圍六十五抱山塔數十里望之已縹緲浮
天僧言皇帝近遣人來視有增修意傳者或以塔爲
舉表柱一統志舉表在城內皷樓東舊有石柱湮沒
有道觀亦廢舉表即橋上護柱又其己久則不究
名實稱之如此殊可笑過首山庄喩駐蹕嶺駐蹕山
在路止山小西數峯跟頂皆石無草木最上峯有烟
臺訪居人不知首山之爲駐蹕細詰間始隨問謾認
賀賀甚矣按地志首山在城西南十五里山頂平石
上有掌指之狀泉出其中挹之不竭唐太宗攻遼東

嶺未及甜水站數里止飯水東其水西山麓絕崖上
有塔突然譯輩傳為盖蘇文所初然訪之土人云山
有明時總兵韓氏墓此塔為其墓厭勝而作過甜水
站踰青石嶺嶺高不及高嶺而己石齒錯險澁無比
自我　國都至燕京三千餘里其間嶺之高無過高
嶺險無過青石夕宿狼子山是日行八十里
癸亥平明前渡一河凡四涉考前錄或以山為三流
河或以為柳河三流河湯河路逢數人間之俱云只
有湯河又過兩嶺前為小石門後為大石門前錄又
有以此為王祥嶺者又有以前嶺為王祥後為石門

者令問王祥所在所遇十餘人皆言未聞有山朝
餐於嶺下冷泉傍群廊行山坡甲軍二人往射不獲
過阿彌庄路側應真寺居僧數輩梵音誦與東僧
絕相似但鼓鈸之咒間有異同乃知僧家經呪有所
承效耳渡太子河一名東梁河自鴨綠至遼東山為
最大水近河北岸有祈福寺屋柱皆新用丹添光彩
照灼眩奪人目有一僧官設茶果以供過新城城中
人户凋殘北門内有屋炭然尖高被以青黃瓦是崇
德汗攻遼東時帳坐慶後為山屋以誌之復渡太子
河至察院察院之東為新城西為舊城是日行六十

嘗駐其顚勒石記功因改為駐蹕山又唐書以為馬
首山遼史稱手山並即此譯官鄭世維自言曾遊清
風寺寺在山下見老僧云有烟臺慶為駐蹕峯而詢
世維以掌指出泉勒石等事並不知夕到南沙河鋪
歇馬日己昏夜行四十里至畢管鋪宿察院是日行
七十里
十二月一日乙丑早發過蔣家屯朝餐于耿家庄過
古城子渡塗臺河至牛家庄本東昌堡宿察院是日
行七十里
丙寅交付方物于清人尃狀　啓付四還義州人鳳

城護行等辭歸各有贈與是日留
丁卯陰有風平明發偕譯金述麻貝狐施普伏兵將
韋平韋脈古二人甲軍二十三護過三河堡渡遼河
一名三又河問土人云渾河太子河周流河凡三河
合于上流故謂然地志但言太子河與遼河合不言
周流河朝餐于河傍過西寧堡夕宿沙嶺驛自遼水
西岸始有等道外穿溝塹至廣寧二百餘里是爲遼
澤晡時至夜有微雪是日行六十里
戊辰大風過平安堡朝餐于高平驛又行二十里路
傍有雙碑一竪一仆其竪者書大虜就纖廣五字梘

大仆者細書鎮武捷功記字缺不可讀盖並紀董一
元戰功又宿盤山驛是日行百里
己巳微陰大風朝餐于二十里鋪夕到廣寧城內有
李成樑石碑樓城西二里有址鎮廟北鎮即醫巫閭
其山距城五里廟居羊路高丘上門廊樓閣殘毀己
甚僧云爲蒙古所焚廟前臨遼野中有古松數株景
趣清曠但滿目荊棘無復曩昔之觀昉存者只元明
以来降香碑四五十森立內外庭而已按地志醫巫
閭掩抱六重舉封十二山山爲幽州之鎮所記多靈
跡今觀其山渾石以成綿亘甚遠而頂平無峻峯峭

嶂樹木不生異於他山々宿寨院廣寧通判張顯祗

寧波府人具名帖送羊酒行中亦酬謝卞甫輔等自

瀋陽到龍立需索不已僅得輸納而来云是日行五

十里

庚午過址鎮堡朝饔于閭陽驛清將八人挈其妻孥

往寧古塔過山其四人来見而其一人之子年十八

能解漢字臣贈以羊墨夕至十三山宿寨院有喇嗎

僧二人来其衣裏紅外黃皆綾錦誇言是皇帝所賜

山間人傳言刀蒙古僧而曾見元史言西番喇嗎僧

不守戒律淫恣無狀今聞山僧亦食葷肉不着袴見

其狀態極兇頑是日行百里地志十三山即醫巫閭

盡處下有洞上有池云

辛未曉發失路崎嶇田隴間及得出天向明笑過紅

螺山渡大凌河道逢年少胡將鞍馬華美從者十餘

騎又以二車載婦人而行問是黃旗固山子往瀋陽

者渡小凌河朝餐于河邊店舍過松山張炫言癸未

年間大將祖大樂守此城清人攻之三年不下殺傷

甚眾及城陷大樂死清人怒其堅守盡坑其民夷其

城今有新集之民洞殘已甚又云松山之急也洪承

疇將吳三桂等十三總兵以十餘萬眾來救奪擾城

壯山清人大懼龍馬二将請以東兵六百克前列發
砲作攻所擊盡死南兵震駭承疇棄師而走軍遂敗
又言松山陷時　先王興昭顯世子同在軍中因指
城東南小阜曰此即　御座又云炫其時隨侍適後
及追至　先王諭以破城時事　聖懷惨然者久之
夕至杏山堡宿人家有賣梨者令市取味淡色紅極
清曉杏山亦祖大弼所守城陷而死大弼大樂之從
第云是日行九十里
壬申昧爽發過高橋堡塔山　朝餐于連山　驛過雙石
城路逢蒙古驅馬十六匹牛二十頭羊六十頭将貢

北京過三首山夕至寧遠城內有祖大壽大樂牌樓
並鍊石為之制與李成樑牌樓同大壽舊苐在樓側
甚宏侈問居人云大壽子名寬時為軍門在北京守
山苐者皆其庄頭寧遠去海不能十里明之末此為
咽喉重地常屯十萬兵表崇煥亦留鎮於此亦以計
大殲屼兵舊有甬道因城至海通粮運防攻奪今其
民物市肆頗殷非所經此又往時袁軍門既改登莱
貢路我使赴燕者由覺華島下陸於此島在城東南
二十里宿察院即舊學也是日行九十里
癸酉曉起謁 先師庭字不治污穢已甚早發過七

里坡朝餐于中右兩過曲天河東關驛六股河夕宿

中後所有被虜男女二人来見並贈以物是日行七

十里

甲戌曉過沙河堡溝兒朝餐于前屯衛過愛水河高

嶺驛石子河宿中前兩是日行九十里

乙亥平明發未至山海關數十里望見長城起海岸

跨山亘嶺邐迤而北粉堞如雲綿亘無際實天下壯

觀也關在平地北倚角山南臨渤海山海之交其間

僅十餘里殆天設此陰以衛中國地志言明初中山

武寧王徐達移榆關於此改今名甲甲之變城多穿

蹙聞今年始修完如舊過貞女祠即所謂望夫石者
既到關清將坐關門內恣點人馬以入臣等最後入
請城將登城樓以觀樓腐墮甚危樓上書五大字天
下第一關傳李斯書然山關既非秦設則安得有斯
書其言誕長角山寺在角山上北顧長城南俯海西
指榆關東臨遼塞示一勝觀宿察院是日行三十里
丙子城將邀宴于舊衛學明倫堂引臣等先西向三
拜九叩頭乃就坐宴罷復西向一拜三叩頭相楫而
出守閣老麻貝其食以送臣等却之固請不已乃受之
酬謝以物是日留

丁丑微陰有風日出渡石河過紅花店海陽城范家
店大里營王家嶺朝餐于鳳凰店過深河驛榆關榆
關即舊塞距撫寧二十里隋時為臨榆關又名臨闔
關而今無遺等舊跡不可得以尋也過小榆關白石
鋪束寧橋至撫寧縣入關以來民物之盛倍於關外
此縣雖不及山海衛亦有繁庶氣象山川清麗免耳
山在縣西五峰山在西南山南即昌黎云宿民家是
日行百里
戊寅平明過蘆峯口背陰鋪朝餐于寶坮堡夕宿永
平府主人姓韓云是韓愈十七世孫言甚妄夜與問

答言四川則老耿王已乢小耿新守其地雲貴則吳
王鎮守吳王者即三桂而問老小耿為誰則對不能
識其名問福建誰守則答時無鎮守者問喜峯事則
初云未聞屬問乃言亦有是事觀其人言頗非諄謹
且多求要所說不足信是日行七十里
己卯晚風渡清水河路傍有李廣碑又渡灤河入夷
齊廟高墻四圍榜其門曰孤竹城臣等具服入謁則
廟為二塑像相傳建祠自唐始而重新在洪武九年
成化世賜名清節扁其中門曰廉頑立懦堂曰揖遜
樓曰遡清臺曰清風臺在廟後濼添二水會其下兩

岸盡石崖二水之交有島亦跟頂皆石上有孤竹君
廟永平之地山水明媚雖東方鮮有其比夷齊廟最
勝朝餐于野鷄坨夕宿沙河驛主人姓姜稱秀才夜
與語臣問此地秋事如何答半收問十三省同然否
答外省多被水災問何地最甚曰山東為最問雲貴
兩廣福建四川等地何人鎮守荅不知因又問曰大
約俱在太平境問五嶺外皆是清官耶有漢官同守
乎答清冷官署俱是漢人如有錢在滿洲居多問聞
蒙古向者未犯喜峯遼東等地信否答喜峯不遠絕
未有聞問十三省絕無盜賊竊發之患乎答未聞屢

問乃曰有之問何方為无曰蒙古為首又問頻来犯
境乎答未聞犯過但聞要賞即又曰四川下四府生
民一無所有問為何無存者答曰皇上惡其通水盜
問水盜為誰曰鄭宏公問宏公時在何地曰不知去
向問四府民被殺在何時答五年秋問鄭是水盜常
在海中四川去海絕遠緣何相通答何論遠近問聞
大臣執政者多奪漢民田以與滿人然否答去年正
月十六日永平盡署滿洲十存一二問十取八九以
與滿洲而漢民只得一二乎曰然問何人主行此令
答曰但聞兩黃旗換地以至如此問兩黃旗為誰則

149

不肯明說問皇帝親政後民心如何曰甚好又問則
答曰皇帝好虜甚多問聞明裔有在西方羌胡中者
果有此說耶順治長子亦在西猺帝有爭端亦然乎
答明之後未聞先皇之子有此聞臣所與問答者如
此其人亦似稍愿故通聞以記但見此流居路傍多
閣東使故習於酬酢視人意向順口便說顯有柳揚
之色所言未必盡信是日行七十里
庚辰未明過清凉山七家嶺新店王家店怀牛橋朝
餐于榛子店有被虜二婦人未見自言一家京都一
家開城今同居近村後於庄頭各贈以物過鐵城坎

坂橋夕宿豊潤縣主人姓王稱秀才夜與語問以内
外官職除拜公私答有厚惠則得無則否問厚惠如
何曰錢而己問聞多徒罪人於瀋陽及寧塔然否曰
然問寧古塔去北京幾里曰數千里又問滿洲與寧
古塔何地為遠曰寧古塔甚遠問滿洲去瀋陽幾里
曰月餘方到問宰相撥官官必虐民民何以堪能不
至亂子荅富今無豪傑出小民唯受之而己是日行
九十里
辛巳平明渡還鄉河河在縣城西門外一名浭水過
高麗堡至沙流河朝餐夕至玉田縣主人姓孫自言

是浙江人今爲縣吏數日來偕譯百般操切使行早
晚動輒爲指揮計又託年荒道中多刦不肯淸早放
行及問主人以刦賊有無則大笑云此間人烟稠密
行旅絡繹年事不至甚歉未聞此事況有甲卒隨行
豈有他慮此等欺騙語不足爲意是日行七十里
壬午早過采亭橋地志言橋在玉田西二十里跨藍
水又過枯樹山蜂山店朝餐于螺山店指店址爲螺
山而考志則螺山在薊南五里今此店去州三十餘
里豈山之蟠踞者大而然耶又過別山店神金嶺前
未及薊州一里所有橋即所謂漁陽橋者相傳已久

152

西橋傍有碑臣就視之碑言橋為永濟橋水為沽水
萬曆年間工部主事夏澄始建不言舊名漁陽恐亦
傳稱之謬耳八薊州城內有臥佛寺本名獨樂地
志言創自元時而寺內有遼時碑有塑佛稱觀音像
者高八九十尺頭抵屋棟當佛之肩圍以重閣其
自肩以上出於閣上者猶可二十餘尺其重閣上當
長佛右肩為龕〜內有塑佛一軀如巨人閉目支肱
而臥其容冥然甚異志言漢張堪為漁陽太守有廟
在城西址隅崆峒山在州城東北五里舊傳黃帝問
道於此今山上有府君廟臣問於居人張廟已失其

慶又不識崆峒山而但知有府君廟謂其山為府君
山即在東北五里地者果信然邊俗貿貿如此亦謂
越俗不好古流傳失其真者是日行八十里
餐于邘均店過白澗店路側有尼院精麗庭樹數株
身類木瓜葉類松但短而厚又一窠三鬣其實稍小
於海松其味酷似譯輩稱南京松獨金時徵言嘗聞
諸能識者云是金錢松亦未有可貿過公樂店叚家
嶺渡一河稍大中有四五小舟又有草橋跨河乘橋
以過相傳以山為滹沱河地志言滹沱在真定城南

知此為傳說之誤夕至三河訪以河名有人云是泃
河地志亦言泃河在三河縣北漢有臨泃縣其言似
信是日行七十里
甲申平明過棗林朝餐于夏店過烟郊鋪夕渡白河
一名潞河又名梔子在通州城東方冬水落河為兩
肬流前河乗氷渡後河連舟為浮梁岸上積材如山
河中舟檝亦多往往有畫船倚岸登觀一舡稱是蘇
州舡上為板屋彫彩甚工同来共六七舡入通州邑
屋甚壮往来填咽不似向東所歴是日行八十里
乙酉平明過永通橋志言橋在州西六里朝餐于八

里堡至朝陽門外入東岳廟易服以行棟宇壯麗曾

所未覩庭之左右多列豐碑中有虞集八分趙孟頫

楷書明人所書少可觀衙譯尹孫申金出城來接臣

等具冠服乘馬從朝陽門入行八九里渡玉河橋至

會同館通官等聚待提督李一善亦至言明日當呈

表咨于禮部先取呈文去是日行四十里

丙戌早朝具服詣禮部呈表咨文禮部官分立左右

三使並跪以傳是日禮部拜元日大朝戲樂通官勸

臣等留觀辭以非便還館聞蒙古使往觀戲

丁亥夜微雪通官等言年凶多偷方物未納恐有他

廬欲令甲軍八内巡夜臣等辭以自我當嚴防守不
宜開無前之規屢言屢拒乃止
己丑晴當館通官輩言明日當納方物歲幣
庚寅張炫以下領方物歲幣往弘義閣畢納而回言
初八忽聞帝將往武美殿過其兩譯官等少避立俟
俄見帝常眠乘馬數十人帶鈒步隨少間復回通官
輩言太和殿甲狹欲以明年正月改搆以逼近大内
將移御武美殿帝自往視之又言皇帝日再聽政分
朝晚今日亦御大和殿
壬辰陰夜雪李一善來言明當行正朝習儀于鴻臚

寺今日宜於館內預習依言具服就庭率負役止向

三拜九叩頭一善又以負役等禮未閑習令再演且

等立觀

癸巳陰微雪早朝詣鴻臚寺路逢馴象四頭矗然以

大五六人騎其背如在屋脊上鼻垂至地牙長六七

尺如巨椽至鴻臚寺演儀如昨通官言湯若望門徒

訴言楊光先曆法之誤昨與庭辨曆官語屈將罪光

先自明年更曆從若望法若望死已六七年其被斥

多稱枉云

甲午早朝光禄官領送歲食凡五盤盤各四十三器

其三送三使二送貞後舊例光祿寺應送旦軍言皇
帝亦自送
己酉正月一日乙未五更具服詣東長安門外下馬
自左夾入門樓柱梁及椽皆鍊石爲之明時山門屢
災故以石代木云過金水橋從天安門右夾入過端
門右夾就午門外大庭中坐西廡下其西爲社稷東
廡之東爲太廟會朝者分班左右臣等就西班而待
平明帝乘黃屋轎出自午門昇轎者前後各八俱着
紅錦衣豹尾前道寺其仗馬在前五六對帝戴黑披玄
諸王貴臣及左右隨後者六七百人衣裳華美於午

門外乘馬馳逐不成行列聞將往鄧將軍祭堂焚香
問將軍何神而天子不謁宗廟謁此廟答是帝遠祖
日出還宮儀仗鼓樂分行前引不似出宮時之簡率
鹵簿到午門外左右分立其儀甚肅不失尺寸而隨
後乘馬者馳逐猶前其出還宮時東西班但長跪而
已臣等罷坐稍近有一種胡人聚坐其狀甚醜且異
兩戴興着髼髶清人而帽頂裹緣制亦不同其上坐
者狀類西洋人衣綠毳裘甚緻密問是何國人或言
是蒙古別種在此海邊或云在西北極遠海邊近於
西洋或云其居去此京七千里難國七月方至此京

既不通語所問又各不同無固恙其土俗及尉内班
其人坐臣等下脛臕擁衆不可近譯輩又言其無袴
只以上衣覆下體午門上有五樓名五鳳樓久後通
官等引臣等随班入諸王近侍出入由午門左右夾
而其餘東班從左掖門入西班從右掖門入臣等亦
從右入過一橋其址正中即太和門其右為貞度門
臣等從貞度入就内庭右正殿即舊皇極殿今改名
太和陛凡三級皆為石欄上設大銅香爐四五對衆
蓋幢憧錯列其間伏馬夾路左右立庭下東西班畢
集帝又乗轎下殿由西廡入通官等言将謁太皇太

后皇太后歸受賀久之從東廟來既就坐碑伏馬即
有四人朱衣執蹕分立御路兩傍凡三擊蹕然後止
伏馬乃復舊所於是文武官就位北向長跪隨聞殿
上有賛意其為群臣賀表也讀止傳臚三拜九叩
頭乃退通官等始引臣等以下就西庭近御路序立
又稍進拜叩如儀既退又引蒙古別種使叩拜時蒙
古王子亦來兩聞先與清漢文武同時行禮復由貞
度出至東長安門外乘馬歸館催食畢即赴賜宴又
至午門外少休入至太和殿由殿西角升陛坐於殿
外陛西蒙古王子在首臣等次之別種夷使又次之

162

陛東則清漢二品列坐諸王大臣皆入殿內百官在
庭中坐定進茶一鍾色微紫味極膻膩强飲欲嘔久
之進饌其蒙古王子一人一案臣等及別種皆三使
共一案鍾石懸列楹間而不作戲舞雜進體貌不雅
其舞則振礕鼓篁以為節拍其戲則假面偶馬以象
戰鬪又有女裝之舞我俗優戲其優人縛胯引嘴頗
覺肖似而執樂者乃戴高頂氈笠其狀可笑其戲舞
並於殿陛上及殿楹內為之又諸王大臣相次起舞
於殿內臨畢進肉一盤酒一鍾蒙古王子及別種並
引入殿中賜以酒既終宴復循陛下至於庭一拜三

叩退歸館

己亥間帝行朝叅儀是夜前後墻外街路行車轟轄

達曉不止

庚子令清譯鄭孝亮問夜来行車衆多之故囬言外

方朝集者以今日利行俟門出城者多且所居館壁

有書云琉球國中山王府大官又云法司王舅吳國

北谷其下云七月五日臣適以是日閱視後壁又多

有所記而文不可通最下一行云康熙四年己九月

拾三日王舅通事盖吳國即人姓名而北谷即其號

也王舅通事即謂王舅所帶之通事也前書吳國所

164

自記後書其所帶通事所記七月五日九月拾三日
各志所書之日如此傍有書字頻細瘦作十四行每
行頭皆記日辰其可錄者八月二十六日辰時張家
灣打立二十七日辰時我等鄭老林一三人表咨文
持禮部前二十八日巳時福建布政司前咨文都察
院前納九月二十日受上下二十一日上馬宴二十
二日打立最後書康熙四年乙九月十六日其餘亦
多不可通按此並是康熙四年乙巳來朝留館者其
一自七月至九月明是琉球使者所書其一當以其
年八月二十六七日到燕以九月二十二日離燕其

165

書冊在十六日而云二十日二十一日二十二日者
預記應行事也其云受上下恐謂受賣也其云打立
謂行也山亦外國使者所記而但旣經由福建取其
咨文而來又所記康熙四年之下巳字作已字又傍
書一與琉球使者所書同法獨爲可疑恐山或是琉
球使者一年兩來或是東南他夷使同年來而其俗
相類也譯官李慶和言前後兩書之不可通處並類
日本字令倭譯朴元卽識之云果是倭書但間多難
解字
辛丑晚陰夜雪

壬寅雪晚晴

癸卯夜有風

甲辰有風

丁未夕陰雪

戊申雪

己酉久未行下馬宴未定回期屢問通官輩或云帝

自元朝後每日游宴觀戲禮部官往筞故不得開坐

或云回子與楊光先爭曆法百官會議累日未決不

得開坐所言不一今日始來言當以十七日行宴

庚戌通官来言明日又有會議不得開宴

辛亥數日來寒甚聞明日當行宴再明領賜
壬子晚朝具服往禮部漢尙書郝惟訥押宴先與臣
等就階上北向拜叩共就位尙書當堂西向坐臣等
南向傍坐負後在臣等之後重行坐行茶後進饌獻
酒三盃畢又起就階上拜叩相揖罷歸
癸丑具服詣午門外賞贈諸物隨至通官等言賞陵
品薄當改久之改至引臣等就御路西拜叩如朝儀
少退立使又進跪受贈送　朝廷鞍馬段銀兩退方
以次臚名就前領賜負後則五五以進並唱名傳授
畢又拜叩出就館開市榜文隨至揭示

乙卯禮部侍郎至館設上馬宴臣等出中門外揖入
就西庭北向叩拜引至中堂中分賓主而坐禮官坐
東臣等坐西負後堂上坐臣等後其餘坐庭西以地
窄故宴畢就庭又北向叩拜送至中門外而還其
侍郎清官動止閑敏問其年三十八子數人為艱云
丁巳昨聞琉球使者當以今日到北京而不來
戊午發會同館路逢婦人車導從甚盛稱諸王妻前
導辟人軬避路側出朝陽門天氣向暄沿途士女多
聚觀過永通橋夕至通州宿察院是日行四十里
己未日出渡白河朝餐于夏店夕至三河宿察院是

日行八十里

庚申微陰護行麻貝盧崇興自言官爲禮部儀制司員外郎其兄曾奉勅東來到泃河橋壞舟渡餘車多涉淺過河朝餐于邦均店夕至蓟州宿察院是日行七十里

辛酉日出渡永濟橋過神仙嶺路見出葬者導以花旛綵幢偶馬偶人喪車上結綵樓舁男女聚觀朝餐于螺山店過采亭橋夕至玉田宿察院是日行七十里

壬戌微雪朝餐于沙流河渡還鄉河夕宿豐潤王秀

才家是日行七十里

癸亥過板橋河鐵城坽朝餐于榛子店過忙牛橋駐

馬路側居人聚觀有人年幾六十餘衣藍縷指臣謂

諸少年曰此猶衣冠舊俗今天下獨朝鮮不剃頭耳

悽然欲涕過七家嶺清凉山至沙河驛宿姜秀才家

是日行七十里

二月一日甲子渡沙河取下路往觀釣魚臺臺明監

察御史韓應庚所築在灤河下流之南岸一峯特起

傍多奇岩恠石釣臺屹兀據山半腹臺下疊石為砌

凡九十級三折以上臺上有樓樓側有屋數僧守之

171

河之北有山如覆盂松林茂欝即應庚墓丘墓東隅
河有園林屋宇即庚應舊宅應庚萬曆時退隱于此
屢官不起及沒目癸焉風節足尚其子孫猶不失舊
業云渡灤河清水河夕至永平府是日行八十里
乙丑風寒朝餐于背陰堡過蘆峯口撫寧縣夕至楡
關宿店居崇氏家主人稍愿謹臣曰吾遠来中國所
遇皆貿貿無足與語甚失所望其人曰南土不如是
但故家世族稍渉微罪輒誅其身徙其妻子於瀋北
遷徙者相屬於道可忍言耶是日行九十里
丙寅大風過深河驛王家嶺朝餐于范家店渡石河

夕至山海関城將邀宴臣與副使偕往受之是日行

八十里

丁卯有風微雪遣譯官鄭世維軍官李愢亮賷持回

還狀　啓先行以使臣病留

戊辰風寒朝餐于中前所渡石子河過高嶺驛惡水

河夕至前屯衛是日行七十里

己巳風寒朝餐于沙河堡過中後所六股河夕至東

関是日行七十里

庚午漢人居北京者潜往深北採蔘見發鎖送至山

臣使悟譯金時徵往問自瀋陽至寧古塔及寧古距

滿州幾里且其人潛採果於何地荅到魚皮地方潜

採事露寧古去瀋陽千七百里滿洲去寧古只三百

里又使問滿洲亦有綂領如寧古之有將軍子人物

多少比寧古如何荅滿洲無綂領亦屬于寧古人物

不多其俗專事採獵通名為魚皮獹子日出後發行

過曲尺河朝餐于中右所過曹庄驛夕到寧遠衛宿

寮院是日行六十里

辛未陰大風曉發過三首山霣石城連山驛見驛店

路傍有婦人載車者甚眾其一車各有三四人使譯

問故言藏匿逃人者事發稅其男子移妻子于寧古

塔尼二十四車至塔山朝餐過高橋堡夕至杏山晚
後風勢愈甚薰下雪是日行百里
壬申風未明過松山小淩河朝餐于道側小店路上
令更詢昨日所移婦人是何地人回言並是福建貴
州雲南廣東等處人河間府人亦在其中乃叛民妻
孥後爲奴婢遠配瀋陽者非坐藏云而徙之寧古者
所言與昨不同過大淩河夕至十三山是日行百里
癸酉風鷄鳴發至閭陽驛朝餐取捷路出廣寧東南
袜馬于沙河子夕至盤山是日行百里
甲戌風鷄鳴發至高平朝餐過平安堡夕至沙嶺是

175

日行百里

乙亥鷄鳴發日出至道河乘氷以渡水勢急舟楫不
一每我使至或遭風或氷泮多苦滯行近河人以私
舡接渡而受其價獲利臣等路聞逍河人知臣等且
至招聚傍近居人鑿開河氷幾十數里欲要利連日
風寒河氷隨合竟不售其計及至河果見有鑿開之
跡漢俗之貪詐至此朝餐于河傍聞蒙古部落居近
廣寧者其王之母將往鞍山湯泉沐浴王弟從行過
山臣等往觀之王母使子邀入其帳乃年六十餘歲
老婦王弟年三十餘多帶牛羊以行從朝一人自言

本寧邊人被擄而来語未能了疲屢可哀及行告辭
其容多戚臣問汝意欲歸乎則便潛然下淚曰歸豈
可得哽咽不自勝臣甚愍之使修家信以付行中贈
以刀紙至牛家庄宿是日行六十里
丙子至歇家店朝餐以遼東路迂請於護行衛譯將
由千山間道出虎狼口過鞍山湯〻在路側夕至機
黄村宿按地志千山在遼東城南六十里峯密義密
有龍泉菁寺及羅漢洞是日行八十里
丁丑踰小嶺過七嶺寺彌勒臺皆行深谷中朝餐于
韓家囤有僧自言本在龍泉寺〻去山十里居僧共

二百五十有真大師者自廣東來坐禪不下山者三
年道甚高因指西南一峯云寺在其間踰一嶺渡大
瀨河又踰一嶺夕至馬屯有老婦年七十自言本慶
源藩胡為向化居晋州亂後刷來且言思粳米之好
求數升與之初昏張炫來言有畢管堡人趙三適到
山言有　朝鮮咨文自鳳城傳送北京昨午過堡甚
是緊忙問其果為何事云則答曰哈地方曾聞有叛
者莫非山賊往犯北甬遮子實不可知也臣等錯愕
不測商賈輩亦路間聞諸從鳳城來者亦如此是日
行九十里

戊寅過帚狼口朝餐于甜水站水傍儞金述逗至使
張炫往問咨文事述亦言不知爲何事只聞遞送甚
悉甚可苦踰高嶺氷路甚險夕至連山關宿察院是
日行八十里
己卯踰分水嶺未至通遠堡五里所朝餐于水上渡
長河過兔口宿山下人家是日行八十里
庚辰雪未明渡前河踰斗嶺渡瓮北河踰長嶺朝餐
于鎭東堡臣等在連山關時遣鄭孝亮先至柵門探
義州迎候人到未曰審向來所傳咨文事及臣等至
此孝亮自柵田来始知咨文乃爲此路開市事所聞

皆屬妄說踰毛姑嶺夕至鳳凰城宿察院是日行八
十里
辛巳晚陰朝餐于柵門內搜撿畢出柵過鳳凰山龍
山魚龍坂夕至湯站水傍露宿是日行四十里
壬午風平明過錦石山朝餐于野次過九連城渡鴨
綠江夕至義州是日行八十里

찾아보기

182

찾아보기

184

185

189

역주자 **김종수**

1963년 경남 하동 출생.
1986년 부산대학교 사범대 윤리교육과 졸업.
구(舊) 한국정신문화연구원 한국학대학원에서 석사·박사 과정을 마치고,
성균관대학교 대학원 한국철학과에서 박사학위 취득.
사단법인 유도회와 가산불교문화연구원 등에서 수학.
강릉대·인천교대·청주교대·한국교원대·한양대 등에서 강의.
현재 세명대학교 교양학부 강사.
박세당 사상과 관련한 다수의 논문 발표.

국역 서계연록 西溪燕錄

박세당 지음 | 김종수 역주

2010년 6월 26일 초판 1쇄 발행

펴낸이·오일주
펴낸곳·도서출판 혜안

등록번호·제22-471호
등록일자·1993년 7월 30일

우 121-836 서울시 마포구 서교동 326-26번지 102호
전화·3141-3711~2 / 팩시밀러·3141-3710
E-Mail hyeanpub@hanmail.net

ISBN 978-89-8494-392-6 93910

값 16,000원

〈이 책에 실린 『서계연록』 원문은 『연행록전집』 전100권 중 23권(임기중 편간)에
수록된 것으로서 동국대학교 출판부의 허락을 받아 사용한 것임〉